형상시학

2019

형상시학

형상시문학회

출판의 辯

≪형상시학≫ 7집에 부쳐

≪형상시학≫ 7집은 일곱 색깔을 잘 덧대어 박음질한 사화집이다.

일 년간 형상시학에서 공부한 회원들의 결과물이다. 각각의 시 세계를 탑으로 세우는 심정으로 묶어낸다.

다양한 연령과 개성을 지닌 회원들이 고개 끄떡여지기도 하는 시와 눈물이 핑 돌게 하는 시와 입가에 미소 짓게 하는 시들을 박음질하기까지는 쉽지 않았을 창작의 고통이 읽히기도 한다. 한 사람만으로 완성될 수 없는 동인지는 어우러져 이음새 단단해지기까지 조각보를 깁는 일이다. 모락모락 김 오르는 밥상을 덮어야 할 보자기이면 얼마나 좋을까, 밥도 돈도 되지 않는 시는 어쩌면 여러 모양의 돌일 수도 있다. 그런 다양한 돌들은 모아 포옹하듯 탑을 쌓기까지는 포옹하기와 사랑하기라는 정신이 그 바탕이 아니고서야 제대로 된 탑은 완성되지 않는다. 시를 아끼고 사랑하는 마음이 근본 바탕에 있었기에 가능한 일이다. 기초과정을 수료한 시와 무르익은 시를 두루 엮어 놓은 시집이라고 해도 무방하지 않을 장단점을 가지고 있는 ≪형상시학≫ 7집은 서로가 서로를 격려하면서도 치열하게 경쟁한 결과물이라서 더욱 튼튼한 발전을 위한 초석일 수도 있다.

2019년 올 한 해도 회원들의 활발한 활동으로 4권의 <형상시인선>이 발간되었고 지금까지 형상시학회가 그 맥을 끈끈하게 이어오는 데는 지도 교수님과 고문님들의 격려와 회원들 간 끈끈한 정보 교류와 합평이 있었기에 가능한 일이다.

서로 모양 다른 돌들을 탑으로 쌓기까지의 역할을 두고 나는 보자기라고 말하고 싶다. 보자기 속은 서로 다른 형태의 돌들이 모여 있을 때 보자기로서의 의미가 더욱 빛나지 않을까?

해를 거듭할수록 더 나은 문학회로 폭과 높이를 추구하는 <형상시학회>는 대구라는 지역성을 넘어 한국시단에 시의 밭으로 우뚝 서기를 소망해본다.

2019년 12월 겨울날에

<형상시학회> 회장 김건희

차례

고문 초대 시

이태수 | 박윤배

한밤의 소요逍遙

이 태 수

한밤중의 적막을 흔들어 깨우는
슈베르트의 현악오중주,
어둠 속에 누워 눈을 감는다
공기의 입자들이 미동하고
나는 포근한 숲길을 나선다
알레그로 마 폰 트로포,
꿈결을 비몽사몽 헤엄치는 동안
지나온 길들이 일어서며 다가온다
잊었던 슬픔들이 얼굴을 내민다
아다지오에서 프레스토로
불현듯 발걸음이 빨라진다
이따금 끼어드는 뿔피리소리,
여태까지 느껴보지 못했던
미지의 신비 속으로 든다
첼로소리가 문득 뛰어오르듯이
바이올린의 음역에까지 올라간다
그 소리처럼 나도 공중에 뜬다
알레그레토—날개가 돋은

내가 천장까지 오르내린다
부드럽게, 때로는 거칠게
내가 나를 벗어나기도 한다
그 심연 속에서 나는
어둠을 흔들며 솟구쳐 오른다

이태수

1974년 ≪현대문학≫으로 등단/ 시집 『내가 나에게』, 『거울이 나를 본다』, 『따뜻한 적막』, 『침묵의 결』, 『침묵의 푸른 이랑』, 『회화나무 그늘』, 『이슬방울 또는 얼음꽃』, 『내 마음의 풍란』, 『그의 집은 둥글다』 등 15권과 시선집 『먼 불빛』, 육필시집 『유등 연지』, 시론집 『대구 현대시의 지형도』, 『여성시의 표정』, 『성찰과 동경』, 『응시와 관조』 등/ 대구시문화상, 동서문학상, 한국가톨릭문학상, 천상병시문학상, 대구예술대상 등 수상

불두화佛頭花

박 윤 배

라면 한 봉지
찌그러진 양은냄비에 끓여놓고
한참을 들여다보는데, 앗! 부처다
쌀떡만 드시던 부처가
진짜 먹고 싶은 저 꼬불거리는 경전
중생의 번뇌를 다 받아주느라
조아리는 머리
무겁다

철불鐵佛의 무릎에 탁! 달걀 하나 깨어
빨건 미소도 버무려
목저로 들어 올린다
뽀글거리다 주르르 흐르는
너무 오래 참은 새벽달은 잘게 부서지고
남겨진 흰자위는
비릿한 냄새다

~박윤배

1989년 매일 신춘문예 「겨울판화」 당선/ 1996년 ≪시와시학≫ 신인상, 대구시인협회상, 2018년 금복문화상 수상/ 시집 『쑥의 비밀』, 『얼룩』, 『붉은도마』, 『연애』, 『알약』, 『오목눈이 집증후군』/ 한국시인협회원, 시동인 '볼륨' 고문, 카페 <신춘문예공모나라> 후원회장, '새로운 감성과 지성' 동인, 대구예술가곡회 사무국장, <형상시학회> 대표이사로 있음

권분자

| 시 |

| 해설 |

약력 ~
경북 청송 진보 출생 •
≪월간문학≫ 등단 •
시집 『너는 시원하지만 나는 불쾌해』, 『수다의 정석』 •

부레옥잠

연못 주변에는 캠핑족인 그녀가 머문다

술 취한 아버지 헛손질 피해 달아나다
젖먹이 동생 안고 숨어들던 연못가

일곱 살 여자아이에겐 물안개가 꽃으로 피는
노상의 새벽이 좋았다고
받지 못한 사랑을 잃어버린 뒤에도
물결 위에 뜬 수초꽃이 좋았다고

그녀, 가끔 별무늬 박힌 요트에 누워
스스로를 물 건너로 떠미는 습관에는
멀리 켜진 가로등이 일렁일렁 수면 위에 내려놓는
꼬리에 꼬리를 무는 시장끼다

노상에서도 달콤하게 잠 청하는 법을 알고 있는
그녀, 점점 부레옥잠을 닮아가고 있다

사물기호증

절대복종의 자세를 취하는 나뭇잎들을 본다

애걸하는 자식에게도 똘똘 거머쥐고도
결코 풀지 않던 노인의 손아귀가
불어오는 가을바람에 맥없이 풀린다

나의 안부보다 먼저
'광명아파드 잘 있너냐?'
병상의 어머니가 던진 말에
순응에 길들여진 나의 대답은
'잘 있으니까 얼른 회복해서 돌아가요'였다

그런 기다림 속으로 불어온 바람에
아파트를 기대다가 놓치고
침대 등받이에 기대다가 놓치고
창턱에 기대다가 놓치고
기어이 아무것도 손에 쥔 것 없이
스르르 떠난 어머니

여우 야식

습성의 여우가 몸 안에 살고 있다

어두워지면 기웃거리는 야식골목
통닭집 간판이 수상하다

들어갈까 말까 뜯을까 말까
발과 송곳니 사이
미로의 겨울밤은
안도의 출구를 찾고 싶다

간판이 바라보는 눈길은
망설이는 나를 혐오하고
나를 닮은 종족이 없는
나는 혼자여서 쓸쓸하다

야성이 비워진 자리
칼로리로 채우고 싶다

동굴

시를 쓰다가 뒤돌아보면
뚜렷한 몇 가지
끌이나 망치가 못 된
어리석음의 부스러기들

온 마음 사무치어
손끝에 모아 기울인 정성엔
바위를 뚫어새긴
손가락 글귀가 남았다

바뀌고 바뀌어도
마모나 풍화되지 않을
갈증 몇 모금
한자리에 고이게
박쥐처럼 매달린 종유석 아래
내가 파둔 샘물

접붙이기

1

백세를 절반으로 꺾은 동창생들
다들 이모작 이야기다

탱자가 귤, 찔레가 장미, 머루가 포도, 박이 수박이 된 그들
작고 야물고 시고 떫던 야성이
아프고 슬프고 찌든 과거가
돌연변이 앞에서는
하소연도 달짝지근하다

나이보다 더 깊은 주름
보톡스 주사로 애써 지워낸 흔적에도
말할 때마다 비틀리는 얼굴은
현실이 녹록하지 않다는 증거다

마무리는
감씨 심은 자리에 떡 하니 솟는 고욤나무
강인한 자식 자랑이다

2

자매이지만
생각 다른 동생과
반대로 일어나는 마음 베어
접붙여 다니다가 알게 된
어릴 적의 짝수

언니 얼굴에서는 아버지가
동생 얼굴에서는 어머니가
한 바탕의 두 짝수가
옳으니 그르니
왈가왈부曰可曰否다

개별적인 상처로 보편적인 삶의 아픔을 노래

■

쓰기의 고통이나 즐거움, 시인으로서의 자각을 노래한 시는 드물지 않다. 그러나 곡진함의 깊이가 남다른 시가 그리 흔한 건 아니다. 산도르 마라이는 그의 시론詩論에서 "흥미있으며 때로는 아주 아름다울 수도" 있으나 "진실한 시"가 아닌 시가 있을 수 있다고 단언한다. 정열, 영감, 가슴, 비전으로 창조한 '시행'이 없다면 훌륭한 시는 될 수 있어도 진정으로 참된 시가 아니라고 말하는 그에게 시란, 머리에서 나오지 않고 가슴이 낳는 그 무엇이다. 그리고 권분자의 시가 그러하다.

권분자의 시는 흔히 개별적인 상처로 보편적인 삶의 아픔을 노래한다. "술 취한 아버지 헛손질 피해 달아나다/ 젖먹이 동생 안고 숨어들던 연못가"는 "물안개가 꽃으로 피는 / 노상의 새벽"으로 기억에 남았다.(「부레옥잠」) 권분자에게 시는 이러한 어린 시절의 애처로운 순간, 병상에 계시다 "아무것도 손에 쥔 것 없이/ 스르르 떠난 어머니"(「사물기호증

」)를 연민하는 마음의 깊고 진한 기록이다. 그에게 시는 쓰고 써도 미진하게 느껴지는 '아쉬움', '사무침', '갈증'으로 요약된다.

"시를 쓰다가 뒤돌아보면/뚜렷한 몇 가지/ 끌이나 망치가 못된/ 어리석음의 부스러기들// 온 마음 사무치어/ 손끝에 모아 기울인 정성엔/ 바위를 뚫어새긴/ 손가락 글귀가 남았다// 바뀌고 바뀌어도 마모나 풍화 되지 않을/ 갈증 몇 모금/ 한 자리에 고이게/ 박쥐처럼 매달린 종유석 아래/ 내가 파둔 샘물"(「동굴」)이라고 시인은 노래한다.

동굴의 형태와 물리적 속성을 자신의 시로 은유한 시인이, 시란 '동굴'과도 같은 존재의 깊숙한 곳에 자리 잡은, 온몸("손가락 글귀")으로 쓰는 말이고, 쓰고 또 써도 '갈증'뿐인 부재의 언어라는 걸 고백한 셈이다. 마모도 풍화도 되지 않는 갈증이 모여 샘물을 이루는 역설, 이것이 그가 보여주는 시의 곡진함이다.

글 | 신상조(문학평론가)

권순우

| 시 |

| 해설 |

약력 ~

경북 의성 출생 •

<형상시학회> 회원 •

좁다

내다 버리려던 책상이
엘리베이터에 들어가지 않는다

신이 일곱째 날
아담의 갈비뼈로 빚었다는 나
유통기한은 얼마쯤 남았을까

내가 나온 하늘의 문
나 들어갈 때 좁아지면 어쩌지

처음 책상을 사 올 때 들어왔던
문이 좁아진 것일까
내 안일의 무게에 눌려 책상이
펑퍼짐해진 것일까

난데없이 밀려오는
어지럼증

벽

서울 식구에게 칠부 공기밥을 퍼주고
나는 돌아서서 경단을 빚는다

신정 쇠러 온 낮달을 이고
익반죽한 찹쌀가루를 비벼, 싸리통밭에
입 빼끔거리듯 올라온 피라미를
콩고물에 이리저리 굴린다

마른 논에 물 들어가는 것처럼
아들네 식구들 먹을까 기대했지만
며느리 손자 손녀친구까지 입 대지 않아
세월 이대로 굳어버릴까
깨보숭이 이번엔 모래무지로 빚는다

두루막 입은 남정네들 둘러서서
묘사 지낼 때
포대기 속 베개를 업은 아이가
두 사람 몫의 봉개를 받기 위하여
한때 줄을 서던 떡이었는데

내 손금 마디가 살결로 빚은 떡
떡은 떡으로 남겨지고
물고기는 물고기로 남겨지는
관계의 벽을 나
무엇으로 허물 수 있을까

멘토 울타리

맨 앞줄 강사 옆자리에 앉은 나는
단상에 오른 선생께 일촉즉발의 흘러간 이야기를
봇물처럼 쏟아냈다

'영원과 사랑의 대화'부터 '시간의 유산'으로 기억되는
선생의 전집을 사 오던 날은
눈 내리는 날처럼 포근했다

쌍벽을 이루던 고 안병욱 선생보다
김형석 선생을 더 좋아했던 동료가 물어도
속내를 얘기하지 않던 내 모습이
그날의 문살에 어른거린다

'고독이라는 병'을 쓰레기통에 넣은 자책이
멘토를 버린 듯 죄송하다
우리에게 문화의 혜택을 주는 나라는
영국, 프랑스, 독일, 미국, 일본인데
백 년 이상 책을 읽은 나라만이
다섯 손가락에 꼽힌다 했던가

독서를 통하여 예술성을 획득하면
돈을 벌지 못한다 하더라도
감수성을 살찌울 수 있다는 강의

꽃싸리를 훑고 지나가는 꽁무니바람처럼
서늘하다

별들의 귀향 1

달성신협 6층에서 작가 김훈의 강연이 있었다

군더더기 없는 그의 문장을 좋아한다는
서울내기 선형 씨
'공터'에 군더더기가 끼었다면서
흥분을 감추지 못한다

멍석에 앉아 굿만 보던 나는
세계지리를 여행할 때 산
연필 두어 자루 들고 왔더라면 얼마나 좋을까
안타까워했더니, 서울깍쟁이
아니랄까 봐 노코멘트다

바른손에 쥔 연필로 소설을 쓴다는
그는 몸의 구체성을 역설
돈을 주고 거스름돈 받기를 좋아한다던가

김소월의 산유화는
피다, 지다, 울다, 살다, 라는

네 개의 동사와 새, 꽃, 산 세 개의 명사로
쓰인 시라고 열변한다

오른쪽 왼쪽 손가락이 짚는 여섯 개의 대금 구멍에서
우르르 쏟아지는 별이
우주 정거장으로 날아가 박히는
참 신기한 여름밤이었다

별들의 귀향 2

유골작업을 하던 유학산 산등성이
들었다 놓는 저울추에
뼈들의 무게가 얹혀 있다

인민군과 국군이 함께 든 구덩이
죽고 죽이던 참호 속
순간의 분노와 증오심은 무게를 내려놓고
넓적다리뼈 서로 포개었다

바글거리는 흰 개미 몸속에
손잡고 별로 든 유학산 여름밤 하늘은
젓가락만 해져 있다

코언저리가 시큰하다

이유 없이 달아올랐던 적개심이
유유한 낙동강 강물에 닮은 별빛을
헹구고 있다

평범함을 놀라움으로 경험하는 '무구無垢'의 인식 위에 세워진 시

■

권순우의 시에 뭐라고 이름을 붙이면 좋을까? '권순우의 세상살이'라는 이름이 좋겠다. 그만큼 그의 시는 일상과 깊이 연관되어 있다. 그날 하루를 일기 쓰듯 그는 시를 쓴다. 직접 빚어 만든 경단에 식구들이 손을 대지 않아 마음에 그늘 진 하루(「벽」), '영원과 사랑의 대화', '시간의 유산'의 저자 강연회에 참석했다가 마침 옆자리에 앉은 강사에게 "일촉즉발의 흘러간 이야기를/ 봇물처럼 쏟아냈"(「멘토 울타리」)던 일 등, 그의 시에서 우리는 시인 일상의 궤적이 어떠한지를 소상하게 들어볼 수 있다.

둘째, 그의 시는 구체적이다. "달성신협 6층에서 작가 김훈의 강연이 있었다"로 시작하는 「별들의 고향 1」을 읽노라면, 강연자가 그날 했던 강연의 세목이 무엇인지 손에 잡힐 듯 상세하다. 소설로 치자면 작품 안 서술자가 자신의 이야기를 자세히 들려주는 형국이라, 독자들과의 거리가 가장 가까운 시점을 구사하는 시이기도 하다. 따라서 권순우의 시를 읽는 독자들이라면 그와 단 한 번 대면한 적이 없어도 작가에게 친근감을 느끼고, 작품에 공감을 보이기 십상이다.

셋째, 권순우의 시는 쉽지만 가볍지 않다. "내다 버리려던 책상이/ 엘리베이터에 들어가지 않"아 곤욕을 치른 에피소드의 경우, 그의 일상 속 작은 소동을 보여주는 삽화면서 경험으로 시상을 시작하고(1연), 의문으로 시상을 전환한 후("내가 나온 하늘의 문/ 나 들어갈 때 좁아지면 어쩌지" 3연), 감각으로 시상을 마무리하는("난데없이 밀려오는/ 어지럼증" 5연) 시의 전개방식 끝에 남는 깨달음이 묵직하다. 무엇보다 그의 시는 평범함을 놀라움으로 경험하는 '무구(無垢)'의 인식 위에 세워져 있다. 그의 시에 자꾸만 마음이 가는 이유다.

글 | 신상조(문학평론가)

김건화

| 시 |

곡진한 불빛

매복의 기술

물들다

아지랑이 연분

식탁 혹은 신탁

| 해설 |

언어의 무력함을 언어로 극복하려는
시를 향한 열정–신상조

약력

경북 상주 출생 •

2016년 ≪시와경계≫로 등단 •

동서문학상, 산림문화 공모전 수상 •

<형상시학회>, 대구시인협회 회원 •

시집 『손톱의 진화』 •

곡진한 불빛

하루의 각질로 푸석이는 저녁
불빛 경계에 쓴 자서전은
저마다 어둠의 육필이다

들숨과 날숨을 가진 불빛은
서로 다른 시간 속으로 스며든다

짝을 찾지 못한 풀벌레 울음소리
저녁 이슬이 적시는 노숙인 얼굴에
어룽지는 어둠이 애잔하다

둥지로 돌아가는 새들은
노을 불빛 찾아 떠도는 내게
이제 그만 집으로 돌아가고 싶다는
생각의 등을 꽁지로 떠민다

십 리 밖까지 두 귀를 열어둔
야생의 눈빛만 살아있는 달
빛과 어둠의 경계에 서면

컹컹 응답을 보내온다

글썽이는 뭇별의 결의가 이토록 곡진한 것은
사무치는 사람 냄새 때문이다

매복의 기술

훌쩍 뛰어오른 지붕에서
초승달로 걸린 고양이 눈은
어둠 속 푸른 불꽃을 감지한다

겨냥한 안테나 세운 촉수
한껏 휘어지는 팽팽한 활의 등뼈
목덜미에 소름이 돋는다

빛의 속도로 냄새를 쫓다가
비린 냄새에 털을 세운다

소름 돋는 겨울밤
싸한 공기를 통째로 움켜잡고
가장 낮은 자세로 포복한다

혼미한 정신으론 바람길 읽을 수 없어
들숨 날숨 심호흡을 가다듬고
허공의 적막까지 낚아챈 고양이

한순간 적의 숨통을 끊는다

물들다

시집 갈피에 끼워진 은행잎 바스라지기 직전이다

초록이 금빛으로 바뀌는 동안
다정과 냉정 사이 오가던 은유가 부챗살로 번진다

찬 서리에 국화도 질 무렵
창호지에 겹쳐 발라두었다면
바람의 손길이 어루만져주었을 텐데

너에게 번지려면 서로의 경계를 지워야 하지

물이 든다는 것은 서로에게 스미는 것

사유의 안과 밖을
천천히 물들이는 어스름
하늘과 땅 사이가 까마득히 멀다

아지랑이 연분

벼락 맞은 호랑버드나무

밑동이 잘려 나갔다

파킨슨병 앓던 그녀에게

사랑이 찾아올 줄 아무도 몰랐는데

가누지 못하는 꽃의 중심에

허리 잘록한 나나니벌이 날아들자

온몸은 뜨거워졌다

멀리서 지켜보던 호랑버드나무

덩달아 털갈이한 짐승의 살갗처럼

몸통은 초록 풍선처럼

부풀어 오르고

식탁 혹은 신탁

이리저리 옮겨 다니던 개다리소반
주방 한가운데를 차지하고부터
위풍당당 식탁이 되었다
밥 먹을 때만 얼굴 볼 수 있던 가족
자식들 한둘씩 빠져나가고부터
혼자 밥 먹을 때가 많아졌다
냉장고에서 꺼낸 서늘한 반찬통 앞에 놓고
얼굴 반찬도 없는 싱거운 밥을 먹는다
영화에선 식탁에서 사랑도 하던데
먹어도 배부르지 않을 시를 쓴다
세끼 밥은 꼬박 챙겨 먹어도
시 한편 쓰지 못한 날은 허기진다
살기 위해 밥을 먹는 식탁에서
남아 있는 밥그릇 숫자를 헤아려보는 시간
육인용 대리석 식탁이 거룩한 성소
신탁 같아서 참으로 징하다
오늘도 파지 나뒹구는 식탁에서
원고지 칸 메우듯
깍두기 같은 문장 서걱서걱 씹는다

언어의 무력함을 언어로 극복하려는 시를 향한 열정

■

시를 쓰는 순간이 끔찍함은 언어 앞에서 무력한 자신을 인식하기 때문이다. 시인을 둘러싼 일상은 "저마다 어둠의 육필"(「곡진한 불빛」)로 받아 적으라 명하지만, 그것을 받드는 시인이 간신히 몇 자 써놓고 보면 방금 전까지 휘황하게 솟아오르던 사물과 이미지와 비유 등이 꼬리를 감춘 채 사라져 버린다. 언어의 무력함을 언어로 극복하려는 모순 속에서, 시를 향한 시인의 열정이 깊고도 뜨겁다.

김건화의 시에서 가장 도드라지는 것은 시인으로서의 정체성이다. 그의 시는 비유나 상징 같은 시적 장치들을 조작하는 데 능하다. "허공의 적막까지 낚아챈 고양이"(「매복의 기술」)의 동선을 현란하게 묘사하거나, "벼락 맞은 호랑버드나무"에 찾아든 "나나니벌"(「아지랑이 연분」)의 구애에 정염을 겹쳐놓는 의뭉스러움은 사뭇 탁월하다. 그렇더라도 시에 대한 의지의 아름다움에는 미치지 못한다. 시를 말할 때 그는 꾸미거나 머뭇거리지 않는다. 시라는 동력에 힘입어 그의 시는 가장 뜨겁게 타오른다. 시에 대한 허기를 노래하는 다음 작품을 읽어 보자.

"영화에선 식탁에서 사랑도 하던데/ 먹어도 배부르지 않을 시를 쓴다/ 세끼 밥은 꼬박 챙겨 먹어도/ 시 한 편 쓰지 못한 날은 허기진다/ 살기 위해 밥을 먹는 식탁에서/ 남아 있는 밥그릇 숫자를 헤아려보는 시간/ 육인용 대리석 식탁이 거룩한 성소/ 신탁 같아서 참으로 징하다"(「식탁 혹은 신탁」)라고 그는 쓴다. 시와 씨름하는 시를 읽는 우리의 가슴도 참으로 징해진다. 이 작품에서 '식탁과 신탁'의 유사한 발음이 만들어내는 언어유희의 요소와, '먹어도 배부르지 않을 시'를 쓰지 못해 '허기진다'는 이율배반적 모순을 발견하는 것은 쉬운 일이다. 그러나 무익함을 탐하는 '허기'가 시의 권능이라는 사실을 발견하기란 어렵다. 시인은 뮤즈가 내리는 '신탁'을 받들려는 자의 미친한 '허기'로써 시의 권능을 온몸으로 입증한다.

글 | 신상조(문학평론가)

김건희

| 시 |

돌탑

물총새를 날리다

꽃의 자리

눈사람

모래화가

| 해설 |

침묵과 무언의 중얼거림이 만들어낸

마음의 언어 — 신상조

약력

2018년 미당문학 신인작품상 수상 •

<형상시학회>, 대구문인협회 회원 •

돌탑

노을의 혀가 차오르는 강물에게 건네는 말
차곡차곡 씹어 올리다 보면
돌탑이 된다
닳아가는 말 알아들어
포개어지는 말 알아들어
한 권의 시집을 엮을 수 있다면
내 입술은 너의 바닥을 제대로 읽었다 말할 수 있으리

너로부터 닫혀 있는 나, 나로부터 닫혀 있는 너
노을 서성이는 강가에서
서로의 등에 얽힌 사연을 들춰
어떤 돌은 너를 닮았다고
어떤 돌은 나를 닮았다고

흘러서 또 어디로 떠나는 물에게
중얼거림을 하나 더 보탠다
아래위 구분되지 않는 탑을
우리는 그렇게 무던히 쌓기도 하고
하염없이
허물기도 하는 거였다

물총새를 날리다

방금 눈을 뜬 어린 물총새가 갸웃갸웃
수초는 밀가루 뒤집어쓰고 소낙비에 젖어
철없이 첨벙거리던 발목으로 새알 수제비인 듯
비벼졌다
보글보글한 생각들을 강둑에 내려놓는다

이끼 젖은 바위는 아직도 잠결
머리 안쪽에서 물총새를 꺼낼 때 번개처럼 생각의 물살은
어슷썰기를 할까, 채썰기를 할까
칼등의 무거움도 아래로 흐른다

눈대중으로 크기를 재어보는 거긴
주방 저울 눈금이 이리저리 흔드는 강

금을 밟은 물안개 뒤에서 기웃거리는 햇살이
물총새를 내 모습으로 볼 때
꺼내온 묵상들로 아침상 차리는 그녀
흘러든 하구는 둥글게 끓는 밥솥이다
흔들자, 푸시시 푸시시 떠나는 군단

이팝나무 꽃자리도 불안한 침묵에
안개는 어떤 발소리도 들려주지 않았다

막사발에 뜸 들여 퍼 올린 쌀밥이
조리사의 하얀 가운을 자꾸 빌려 달라 조르자
냅다, 미끄덩한 껍질의 후미를 던진다

떠나는 물총새는 소실점을
저 혼자 지운다

꽃의 자리

나갔던 상여가 꽃으로 돌아오는 곳에
벌통을 놓아둔다

눈꺼풀조차 가벼운가요? 거긴

꽁꽁 언 입술 어머니
자식 위해 꽃가루 나르던
그 들길 건너 야산에는 지금
눈소자 온통 시큰한 흰 섬

어머니 지금
항로를 놓치고 다시 회항하고 싶었던 걸까요
울음으로 놓던 다리를 지상으로 펼친 곳에서
무덕무덕 피어나는 아카시아 꽃

먼 길 휘어져 가며 흘린 눈물이
배꼽에서 소실점을 꺼낼 때
어머니 놓던 벌통을 이제
내가 놓을 때

상여집 앞에 펄럭이는
흰부적들

눈사람

올 나간 스타킹을 당기는데
눈송이들이 딸려 나왔다

눈은, 저녁에야 돌아온다고 했다

하루가 힘겨운 히말라야시다가 먼저 젖었다

참새들이 잠들기 위해 찾아드는 나무였는데
눈 덮고 귀 덮고 코 덮고 입 덮어
어깨 무거운 석불이 되어 있었다

깊어가는 상념의 앞가슴 합장한 두 손의 가지런함에
히말라야시다, 그녀의 저녁은
끊임없이 송이눈 뭉쳐 눈을 닦는다

나무의 무거워진 횡격막 아래에서
솜뭉치 헤집고 열리는 노란 가슴
들숨과 날숨으로 피운 복수초가
어미 닭 뱃속 알처럼 웅크렸다

곱은 내 손에 놓이는 한 공기 쌀밥의 따스함을
난 오래 기억할 거야

올이 나간 밥주머니를 잘라 낸 당신

비틀비틀 귀가할 저녁의 빙판길에
나 반가운 눈사람이 되어 서 있을 거야

모래화가

울퉁불퉁한 생각들은
눌러 밟고 걷기보다는
떨어진 솔방울인 듯 툭툭 걷어차야 한다
그건 오랜 관습, 바람이 메마른 솔잎 걷어 내자
모래 위 걸어가는 낙타 발자국 소리가 들렸다
얼마나 지났을까, 맨발로 앞서가던 낙타는 보이지 않고
서두르지 않았는데 저녁은
발자국을 움푹하게 찍었다
사막을 걷는 일상, 등에 진 외로움 때문에
십 리 밖 물 냄새에도 나는 예민해졌다
밖을 뒤집어 안으로 밀어 넣거나
안을 뒤집어 쌓는 화폭
나는 누군가 지나간 문양을 발끝으로 지우는 화가였다
슬며시 몸 돌려 바라본 모래 위
고통과 나란히 찍힌 내 발자국은
가벼운 바람조차 이기지 못하고 사그라진다
지난겨울 폭설로 고요했을 이곳에
낮게 누워 있는 낙타 한 마리
모이통 헐렁한 새를 만나
침침한 눈 부빈다

침묵과 무언의 중얼거림이 만들어낸 마음의 언어

■

김건희의 시에서 드러나는 화자의 내면은 바람도 없이 흔들리는 꽃대 아래로 한 세상이 지나간다. 꽃대는 스스로 흔들리며 꽃을 피운다. 연약하지만 유연하고, 외롭지만 따뜻하다. 그의 시가 도달하는 궁극은 비움과 침묵의 세계이다. 이것을 시는 거듭해서 '지운다'라고 표현한다.

"저녁은/ 발자국을 움푹하게 찍"는다며 하루를 돌아보는 화자의 시선에는 허전함이 묻어난다. 같은 시에서 화자는 "등에 진 외로움 때문에/ 십 리 밖 물 냄새에도 나는 예민해졌다"고 말하지 않는가.

누구보다 예민한 내면을 지녔음에도 "고통과 나란히 찍힌 내 발자국"이 고통스럽다고 화자는 소리 내 울지 않는다. "누군가 지나간 문양을 발끝으로 지우는 화가"(「모래화가」)라고 스스로를 칭하는 화자는, 소리 내 울기는커녕 발자국을 지운다. 그의 시에서 화자는 언제나 "생각들을 강둑에 내려놓"고 사물은 "소실점을/ 저 혼자 지운다"(「물총새를 날리다」) 화자의 외로움은 침묵으로 모든 걸 감내하며 지우는 삶의 태도에서 비롯했을 것이다. 그렇더라도 파편적 언어가 남는 건 어쩔 수 없다.

파편적 언어란 미처 지우지 못한 삶의 흔적이다. 지우고 지워도 삶은 돌멩이처럼 단단하게 뭉쳐진 흔적을 남긴다. 이 세상에 상처가 없는 영혼은 없다. 다만 담아두지 말아야 할 상처가 너무 많을 뿐이다. 해서 우리는 「돌탑」에서 "노을의 혀가 차오르는 강물"을 배경으로, 흐르는 강물에 상처투성이의 '돌멩이'를 던져 넣는 시적 자아를 만난다. "어떤 돌은 너를 닮았다고/ 어떤 돌은 나를 닮았다고// 흘러서 또 어디로 떠나는 물에게/ 중얼거림을 하나 더 보탠다/ 아래 위 구분되지 않는 탑을/ 우리는 그렇게 무던히 쌓기도 하고/ 하염없이/ 허물기도 하는 거였다"라고 시인은 노래한다. 강물에 던져진 돌멩이는 이제 상처를 극복하고 서로를 위로하는 '말'이 된다.

강물에 던져넣은 돌멩이로 만들어진 탑은 "닮아가는 말"과 "포개어지는 말"(「돌탑」)이 짝을 이루어 쌓인 내면의 풍경이다. 침묵과 무언과 중얼거림이 만들어낸 이 마음의 언어('탑')를 삶의 흔적이자 타인에 대한 화자의 사랑으로 이해할 수 있겠다.

글 | 신상조(문학평론가)

김루비

| 시 |

화가의 얼굴

겨울달궁

두물머리

정박

자화상

| 해설 |

화자의 시선을 통해 세계의 풍경을 발견 — 신상조

약력 ~

서울 출생, 이화여대 졸업 •

2016년 ≪문장≫ 신인상 등단 •

대구미술가협회, 대구시인협회, <형상시학회>회원 •

시집 『빨간 사과는 열쇠가게다』 •

화가의 얼굴

무수한 금빛 별이
가루가 되어 물 밖으로 내민 얼굴
빗물에 씻기고 씻기어
눈 코 입 다 버리고 여기까지 왔다

물을 박차고 뭍에 가두어지기까지
천년의 세월 속에서
산화로 가벼워진 몸피
이름이 이름에 닿으려던 몸부림
회룡포에 이르렀구나

흘러오며 보았던 풍경들이
마음결을 문질러 주어
모래는 저렇듯 부드러운 미소다

내 단단하던 오기를
산산이 부숴 줄 물은 아직도
용의 몸통 흔들리는 비늘
금빛 가루를 흩뿌리고 있다

겨울달궁

달이 머물다 떠난 밤 지리산에 들면
울림통 단단한 달이 된다
바람이, 낙엽이, 풀벌레가 둥글게 뭉쳐지는 화음에
달빛 흐르는 산길은 현악기 연주자
수천 년 은빛 물결 같은 산길마다 돌탑
오고 가던 허공의 말은 돌멩이로 얹히고
이슬을 허물어 말리기도 하는 바람은
꺾인 나무의 팔로 나를 콕콕 찌른다
살아서 걸을 수 있는 동안에는 다시 오라는 달궁
천년의 연리목 입술 사이로 흘러나오는
마른 혀 간절한 말들의 성찬
저도 탑인 양 하늘만 바라보고 섰다
잎새 다 떨구고도 빌고 비는 손바닥
달빛 커튼을 배경으로 내리던 눈발 속에서도
넘어지면 일으켜주던 사랑은 어디로 갔나

달궁이 미끄럽다, 돌아갈 길 앞에서
귀 세운 산짐승처럼 외로워졌다

두물머리

서 있는 느티나무를 깃발로 흔들며
강물은 흘러갑니다
하나의 강과 또 하나의 강이 머리를 맞대고
큰 강을 이루는 두물머리
쓰라린 강바람에 홀로이 버티다가 얼어버린 조각배
그 곁에서 따사로운 손길 부여잡고
그대 따라 물길처럼 흐르고 싶은
내게도 그런 한 때가 있었습니다
가끔 물풀 속에서 얼굴 내미는 잉어의 눈망울은
나를 빤히 보고는 무심히 지나갔고요
그대 눈동자가 느티나무 그림자를 반영하듯
눈물 한 방울 보탠 강은 꾸역꾸역
하구로 아무렇지도 않게 흘러갑니다
숨결 고르고 연어가 고향을 찾듯
거슬러 오르는 당신의 몸짓은
언제쯤 보게 될까요
걸어둔 깃발이 낡아 찢겨도 더 오래
당신을 기다리며 서성이겠습니다

정박

안개비 자욱한 날의 바다는
젖은 여자의 머리카락이다
뱃머리 들이밀고 들어설 수 없는 머릿속에는
해초들 수없이 엉켜있다
달빛이 돛을 한숨처럼 펄럭이게 하는
망설임의 시간을 밀고 들어갈 항구에는
화끈거리던 방파제가 축 늘어져 있다
폭염을 막느라 생겨난 화상을
살랑거리는 바람의 콧노래가
달콤한 속박으로 달래주는
내 머릿속에는 언제쯤
이별의 아픔 지워줄 안개비 내릴까
휘청거리는 해초들 사이로 들이민
손가락이 일으킨 거품들
햇살이 짚고 갈 건반처럼 떠 있다

자화상

별 뜬 밤
염소 울음소리 속을 걸어
집으로 가야지
나는 빗물에 씻긴 채 산모퉁이에 핀
보랏빛 얼굴 엉겅퀴니까
빈집의 늘어진 감나무 가지가
담장과 지붕을 번갈아 간지를 때
마당의 허공에 흰 빨랫줄을 걸고
초경의 부끄러움 빨아 널어두고
빗물 담긴 항아리로 하늘을 올려다보며
빨리 마르라고 주문을 걸어야지

뒷산 대숲에서 퍼온 푸른 바람 소리로
피어라 피어라 건네는 주문

온몸의 가시로는 모자라
불온한 손길의 접근을 막는
끈적이는 살갗을 가진
나는 엉겅퀴꽃

화자의 시선을 통해 세계의 풍경을 발견

■

20세기 중후반의 예술사에서 중요한 테마로 부각된 대상 중 하나가 '풍경'이다. 특히 문학 안에서의 풍경은 "단순히 미학적 완상의 대상이 아니라 그것을 통해서 풍경의 향수자가 세계를 해석하고 이해하는 일종의 제도적 세계상"으로 기능한다. 바꿔 말해 우리는 풍경을 바라보는 화자의 시선을 통해 시적 자아와, 그 자아의 내면세계를 형성한 세계의 풍경을 발견한다.

김루비의 시에서 풍경은 "그대 눈동자가 느티나무 그림자를 반영하듯"(「두물머리」) 자아를 반영한다. "내 머리 속에는 언제쯤/ 이별의 아픔 지워줄 안개비 내릴까"라며 화자가 "안개비 자욱한 날의 바다"와 "해초들 수없이 엉켜"(「정박」) 있듯 아픈 생각으로 복잡한 자신의 머릿속을 동일시할 때, 우리는 안개에 축축히 '젖은 여자'가 화자의 페르소나임을 의심하지 않는다.

'회룡포'의 풍경 역시 화자의 내면을 닮은 "얼굴"이다. "빗물에 씻기고 씻기어/ 눈 코 입 다 버리고 여기까지 왔다//

물을 박차고 뭍에 가두어지기까지/ 천년의 세월 속에서/ 산화로 가벼워진 몸피/ 이름이 이름에 닿으려던 몸부림/ 회룡포에 이르렀구나"라는 묘사에서도 엿볼 수 있다시피, 회룡포는 흐르던 강이 갑자기 방향을 틀어 상류로 거슬러 흘러가는, '이름이 이름에 닿으려'는 기이한 풍경을 연출하는 곳이다. 그런데 그 몸부림의 끝자락은 "저렇듯 부드러운 미소"에 비유되는 넓은 백사장이고, "단단하던 오기를/ 산산히 부숴 줄 물"이 "금빛 가루를 흩뿌리고 있"는(「화가의 얼굴」) 맑은 강물의 흐름이다. 이 시는 제목이 많은 것을 함의한다. 강은 화자 내면의 얼굴을 그리고, 화자의 내면은 강의 표정을 그리고 있는 것이다.

글 | 신상조(문학평론가)

김문숙

| 시 |

가랑잎 女子

겨울 고집

지하地下별

고뻘

안테나 여자

| 해설 |

봄볕 부르는 새의 입술처럼 곱고 강인한 그—신상조

약력

고령도서관 대가야독서회 회원 •

<형상시학회> 회원 •

가랑잎 女子

바람의 작은 일렁임에도 누군가 발소리를 낼 때
우리는 너를 가랑잎이라고 비아냥대었다

행주치마에 그을음을 묻히면서
불쏘시개로 밥물을 넘기던 시절부터
무쇠솥과 양은냄비, 사기 밥공기와 대접에게
가르랑 가르랑 애끓는 소리를 들려주었다

마당에 박힌 돌부리에게 걷어차여
엎어지며 자빠지며 이리저리 뒹굴 때
공기 입자에 귀 세우는 가랑잎

위험한 짐승이 내 몸 위를 지날 땐
바스락 바스락 다람쥐들이 알 수 있게
속치마로 받아내는 싸락눈 예보

다가올 추위를 알려주어도 걸음 옮기지 못하는
나무의 분신들 마지막 몸부림을
이제 누가 시끄럽다 하겠는가

겨울 고집

여러해살이 꽃잔디가
양철 북벽 담장에 등 기대고 뻗은 줄기 끝
세 자매는 표표한 분홍 꽃봉오리로 한 살림 일구었다

몇 번인가 펑펑 내린 눈이 온몸을 가두고
한파도 말 등에 올라 내달리며
꽃피우기를 만류했지만
12월이 세 자매가 부리는 고집은 막강하다

된바람에 살붙이들은 긴 잠에 들었는데
어제는 맏언니가 꽃잎 활짝 펴더니
오늘은 둘째 꽃봉오리 곤지를 찍었다
막내는 아직 봉긋할 뿐이다

어머니 말씀의 가시가 겨울 내내 참아라 참아라
피부에 눈 녹는 물로 파고들어 와도
봄볕 부르는 새의 입술처럼 꽃잔디 세 자매는 고집이다

더는 봉긋할 수 없어 못 터트린 것을
누가 나무라겠느냐마는 아직은 설한인 게 걱정이다

지하地下별

네모의 상자 속 멈춘 심장 위에 별꽃을 놓는다

두 눈에 새긴 풍경까지 방향을 맞추어 안착시키기에는
몇 사람의 손 분주해야 했다

흙 가져오라는 지관의 말에
골짜기를 메우는 상여꾼들의 북소리는
휘모리장단을 넘어 엇박자로 놓여졌다

흙은 수북이 쌓여져 갔고
지금은 한 사람이 흙으로 돌아가는 시간
올올이 삼베로 싸인 주검은
머지않아 땅속으로 녹아 스며들 것이다

스며서 가장 편안한 수평으로 누울 때
한 생의 흔적을 떠올릴 별은 뜨리라

고뿔

점잖게 샌님인 척 다가온 고뿔
너는 처음부터 정당하지 못했다
사심도 없이 걸어오는 싸움이 그러하듯
소인배인 나를 뚝뚝 피 흘리게 한다
상식도 통하지 않는 성급함으로
법칙도 없는 힘겨루기를 하자 한다
지혜와 지혜의 대결 따윈 소모전일 뿐이라고
선전포고 없이 막 바로 시작되는 전쟁
두 눈 감추고 눈 노려보다
상대가 힘이 뜨겁게 콧김으로 빠지면
냅다 목구멍을 찌르는 오랑캐의 창
치사스럽다 못해 뒤통수치기는 예사다
몰아낼 노자의 지팡이도 나는 준비하지 못했는데
상대의 쓰러짐에 희열하고
세상에서 혼자만 옳다고 우겨야 우뚝 서는
너의 세계가 지향하는 진리에
나 이제 진절머리가 난다
달이 가장 둥글 때, 내 그림자 따라 밟은 너희들
소리 없이 덮치는 나로 인해

일주일쯤 멘붕에 빠질 거라는 선포

한 번의 터치로 끝내지 않고
몇 번이고 쓰러지게 하는 저 졸렬한 놈에게
이제 내가 고춧가루 탄 소주로 한 방 먹일 차례다

안테나 여자

친근하면서도 아이 위에 선 아빠
조곤조곤 낮은 목소리여도 주장 강한 아이

그 사이 기지국 안테나인 나
서로가 서로에게 보내는 전파를
중간에서 볼륨 조절해야 할 때가 있다

서로 옳다고 내세우는 목소리에
파열음 생길까 살얼음 딛듯
풀어주고 다독이기도 하는 것이다

아빠의 결정에 언제나 노랑 옷 송신하고
아이의 대답에 붉은 옷 입혀 수신하면
석고처럼 딱딱하던 집 어느새 말랑해질까

두 귀는 쫑긋해져서 지구의 오지 안테나이거나
우주의 허공을 돌고 있는 위성 안테나

온몸으로 흉내 내기 바쁘다

해설 | 김문숙

봄별 부르는 새의 입술처럼 곱고 강인한 그

■

평범한 사물을 노래했나 싶어 무심히 읽다가 제목을 확인하고 놀라는 시가 있다. 김문숙의 「가랑잎 女子」가 그런 시다. "마당에 박힌 돌부리에게 걷어차여/ 엎어지며 자빠지며 이리저리 뒹굴 때/ 공기 입자에 귀 세우는 가랑잎// 위험한 짐승이 내 몸 위를 지날 땐 바스락 바스락 다람쥐들이 알 수 있게/ 속치마로 받아내는 싸락눈 예보// 다가올 추위를 알려주어도 걸음 옮기지 못하는 / 나무의 분신들 마지막 몸부림을/ 이제 누가 시끄럽다 하겠는가"를 읽으면서 시끄럽게 바스락거리고, 이리저리 발에 밟히는 가랑잎을 아무렇지 않게 떠올리게 된다. 그러다 문득 제목이 되짚어지며 시인의 속 깊은 의도를 짐작하고 고개를 끄덕이기에 이른다. 시인이 자연사물인 가랑잎에 인격을 부여한 게 아니라, 가랑잎이 "행주치마에 그을음 묻히면서/ 불쏘시개로 밥물을 넘기던" 진짜 '女子'였던 것이다.

「안테나 여자」도 동일한 맥락에서 해석할 수 있는 시다. 「가랑잎 女子」에 비해 이 시는 애초부터 화자가 '안테나'임을 순순히 드러낸다. 집안의 평화를 위해 "아빠의 결정에 언제나 노랑 옷 송신하고/ 아이의 대답에 붉은 옷 입혀 수신"하는, "지구의 오지 안테나이거나/ 우주의 허공을 돌고 있는 위성 안테나"라는 비유는, 시인이 자상한 아내이자 엄마이면서, 동시에 섬세한 시인이기도 함을 드러내는 대목이다.

"어머니 말씀의 가시가 겨울 내내 참아라 참아라/ 피부에 눈 녹는 물로 파고들어 와도/ 봄볕 부르는 새의 입술처럼"(「겨울 고집」)이라고 시인은 노래한다. 아내나 엄마이기 이전에, 그는 참 순하고 예쁜 딸이었던 모양이다. 아니, 살을 에는 고통에도 '봄볕 부르는 새의 입술'처럼 곱고 강인한 여성이 바로 그인가 보다.

글 | 신상조(문학평론가)

김정아

| 시 |

모서리 당신

시야 회복하기

끓다

받아 적다

회귀回歸

| 해설 |

고통과 분노의 공격성을 통해
새롭게 발견한 세계—신상조

약력 ~

경북 상주 출생 •

2014년 ≪문장≫ 등단 •

<형상시학회>, 대구시인협회, 문장작가회, 대구공무원문학회 회원 •

모서리 당신

오수에서 깨어난 아지랑이가 하얀 솜이불로 흔들립니다

베란다 난간 모서리를 지우는 중입니다

아이들 재잘거림은 놀이터 빨간 미끄럼틀을 튕겨
미끄러지는 사랑을 당겨 올립니다

그 곁에서 헌 옷 수거함은 쓸만한 옷을 달라고
졸라댑니다

가끔은 혼자 지치기도 했을 구석 자리는
아지랑이로 피어오르던 나를
그 큰 눈빛 당신이 바라봅니다

지난 상처 따위도 모두 품어 안겠다고
뒤가 묵직한 등입니다

여전히 모서리를 차지하던 아지랑이는
헌 옷 수거함 속으로 흘러듭니다

시야 회복하기

손톱자국도 없이 봄이 다시 온다는 건 너무나도 시시해

눈발에 시야가 흐려졌다고 해서
바퀴가 잠시 방지턱을 넘었다고 해서
옴짝달싹 못 할 수렁에 빠진 것도 아닌데
걱정과 위로의 문자 화들짝 핀 목련처럼 보내온다

나도 모를 나를
사람들이 너무나 잘 안다는 게 나는 너무나 불쾌해

눈보라에 무게를 얹은 이야기가 무슨 소용이 될까
온전히 나의 소유가 될 수 있는 것은
눈과 귀로 들어서 차곡차곡 쌓아둔 갈망

말랑한 말들 지겨운 더미에서 허우적거리기 전
나는 재빨리 녹아서 비탈을 지나야만 한다

누군가 더 짓밟아 길이 미끄럽기 전
내리는 눈발을 신선한 음계인 양 밟고 올라서
사랑, 그 지겨움에 꽁꽁 언 목련 봉오리를
손톱 흔들리도록 할퀴어야겠어

끓다

풀린 나사 끝까지 조이면
엇박자 내는 소리가 들립니다
느슨한 조율을 탓합니다

어긋나버린 당신과 나의 간격에서
낡은 진리라고 치부해버렸던 이야기들은
방향을 맞추려고 엉키는 수증기
찐득합니다

서늘한 바람결에 장단을 맞추는 옹이
머리 위로 먼 길 떠나는 철새들에게
환송곡을 들려줍니다

겨울이 지나면 다시 봄이 오는 것처럼
물을 채우는 빈 꽃병
꽃이 떠난 막다른 골목을 봅니다

사라지는 게 아니었나 봅니다

받아 적다

꽉 잡은 연필에서
손끝을 타고 기어 나온 이야기들

딸그락 딸그락 굴려지는
일렬종대의 긴 이야기들

말랑말랑함이 껍질까지 단단해져
거북해지는 이야기는 곤란하지

우리에게 필요한 건
오직 서로를 넘나드는 자유일 뿐
서로 친해지려면
너와 나 장막을 거두어야만 해

달콤한 말의 곶감
하나씩 다 빼먹고 나면
배설물로 남겨진 문장에서 무슨 꽃이 필까

알아채지 못하는 사이
그만큼 흑심이 닳았다는 것은
흰 종이 또한 뭉그러졌다는 것이지

회귀回歸

변두리 횟집을 비릿한 냄새가 가두었다

한 접시 참가자미 살점에 세 병 소주가 섞이자, 여자의 혀는 꼬부라졌다. “산낙지가 먹고 싶어요”라고 중얼거릴 때 비가 내렸다. 횟집 처마가 다 젖었다. 목청 굵은 남자가 “그래, 먹어 먹어”를 외쳐댔다. 그러고 보니 비는 무장해제다. 여자의 자글자글한 눈가 주름 위로 황토색 얼룩이 생겨났다. 그녀의 검정 투피스는 건배의 술잔처럼 들려졌다. “씨 발 새 끼 들 전 부 다 죽 일 거 야 ~!!” 적의敵意로 처마에서 내려온 물은 중얼대며 바닥에 홈을 팠다. 넘친 물이 다시 고인 곳에서 가자미처럼 헤엄치는 여자의 눈은 밀린 숙제가 끝난 듯 곧 허물어질 둑 같았다. 쏟아낼 만치 빗물 쏟아낸 하늘가에서 검은 얼굴의 여자가 터진 부레처럼 웃는 걸 보았다

그쳤던 비가 다시 위로가 필요했던지 가랑비로 돌아오고 있었다

고통과 분노의 공격성을 통해 새롭게 발견한 세계

■

공격적인 시가 있다. 그런데 그 공격성이 어디를 향하는가는 다른 차원의 문제다. 외부를 향하는 공격성은 주로 단호한 어조나 강철과 같은 이미지, '적'에 맞서는 항거의 자세로 드러난다. 공격성이 내부를 향할 때, 다시 말해 공격성이 자기 자신을 향하는 시는 정반대의 어조와 이미지를 갖는다. 우리는 이런 시의 화자를 일컬어 '가시'와 같은 세계를 자신의 내면에 감추고 있다고 이야기한다. 김정아의 시에서 이 가시는 "손톱"이다.

김정아의 시는 세 가지 점에서 놀라움을 선사한다. 첫째, 그의 시는 관계 속에서의 '말'을 철저히 불신한다. 시에 따르면 "달콤한 말의 곶감/ 하나씩 다 빼먹고" 마침내 "배설물로 남겨진"(「받아 적다」) 것이 사람과 사람 사이에 오고 간 말이다. 둘째, 때문에 그의 시는 '관계의 통념'을 애초부터 거부한다. 「시야 회복하기」에서 화자는 사람들이 자신에게 건네는 선의의 말들이 "너무나 불쾌"하다고 밝힌다. "옴짝달싹 못할 수렁에 빠진 것도 아닌데/ 걱정과 위로의 문자 화들짝 핀 목련처럼 보내온다"라는 구절을 보자. 우리는 화자가 작은 교통사고를 당했고, 소식에 놀란 주위 사람들이 문자로 걱정과 위로의 말들을 전해왔음을 짐작할 수 있다. 그런데 그들에 대한 화자의 반응은 냉소적이다 못해 매우 신경질적이다. 화자는 그런 위로와 걱정은 "말랑한 말들 지겨운 더미"라고 치부한다. 화자는 타인이 보내오는 언어의 메시지들을 '목련'으로 비유하는데, 언어의 아름다움을 상징하기 위해서가 아니라 이들의 언어가 "사랑, 그 지겨움에 꽁꽁 언 목련 봉우리"에 불과함을 비유하기 위해서다. 화자는 그러한 목련('언어')에 손톱자국을 냄으로써 봄을 맞아야겠다고 다짐한다. 화자에게는 타인의 선의를 해석하는 인식 코드가 거꾸로 작동하는 느낌이다. 대체 왜 화자는 타인의 선의를 두고 싫어하고 미워하는 정서를 드러내는 것일까? 그러니 이 도착된 정서가 스스로를 생채기내는 공격성으로 여겨지는 것이다.

김정아의 시가 가진 세 번째 놀라움은 비속어를 활용한 삶의 구체성이다. 비오는 날, 횟집에서 주정을 부리던 여자가 내뱉은 "씨 발 새 끼 들 전 부 다 죽 일 거 야"(「회귀回歸」 라는 욕설은 싱싱하도록 생동감이 넘친다. 그런데 이 욕설은 그 '새끼들'의 털끝 하나 건드릴 힘이 없다. 여자의 욕설은 스스로를 상처 입힐 따름이다. 자해다. 해서 김정아 시의 공격성은 안쓰럽고 측은하다. 김정아의 시는 이 고통과 분노의 공격성을 통해 하나의 세계를 새롭게 발견하고 있는 중이다.

글 | 신상조(문학평론가)

김정옥

| 시 |

| 해설 |

약력 ~

경북 포항 출생, 계명대학교 문창과 졸업 •
한국문인협회, 대구문인협회 회원 •
<형상시학회> 회원 •
시집 『친숙한 문양들』 •

친숙한 문양들

오어사가 꽃살문 문짝인가
꽃살문 빛바랜 문짝이 오어사인가

부서진 시간처럼 걸어둔 뜬구름
살아오며 풀지 못한 화두를 본다

경전을 옮겨 흘려 쓴 기둥 글씨
저리도 가지런할 수 있었던 건
글씨를 읽는 딱따구리
수시로 다녀갔기 때문

부서지는 소리와 튕겨지는 소리 버무려져
생사의 경계를 넘으려다
본다, 뭉개졌을 끌날의 고요

묵화 핀 솔가지 스친 눈발
탑의 어깨에 미끄러진다

오어사 꽃살문 틈새 걸린 화두
동자승 빗자루가 쓸어 모은다

쓴맛

적천사 법당 앞
귀밑 솜털 보송보송 청매
뜬구름 발길 잡는
풋가시내 젖꼭지다

나를 붙들어 두고
너 누구냐고 자꾸 묻는다

언제 당겼던 인연 줄인지
단번에 꺾으려 해도 질긴 맛

앞섶 벌어지는 꽃받침 위에
원효를 앉혀둔다 해도
함부로 뒤집지 않을 엉덩이

땅에 꽂힌 눈 그대로인 청매
달래 냉이 소쿠리에
요, 토라진 얼굴 담아가서
세상물정 모르는 내 창가에 둔다

꺾이다 내민 혀
쓴맛의 진저리다

비옥취사比玉聚沙

그대
꿀을 따다
꽃에게 상처 입었나요
꽃에게 상처를 입혔나요

산 넘고 들을 지나
무수한 꽃밭 지나온 그대
쿨렁쿨렁 지친 건 아닌가요

벌인가, 나비인가
묻혀온 꽃가루 내공의 마디엔
깊이를 더해가는
동락당 한 채
오르는 길은 다 지웠나요

나 그대에게
목도리 두 번 둘러 상처 감싸며
처음엔 물처럼 담담하나
오래가는 친구였으면 해요

날갯짓에 지친 그대에게
상처 내지 않을
비옥취사 어떤가요

야행夜行

풀벌레의 집은

반달 기울어지는

먼 서쪽에 있다

설핏 들 수 없는 화단의 잠

나뭇가지 베고 누워

쉰 목청으로

지우고 또 지우는 달

멀지 않은 곳의 그도

넌지시 보고 있겠지

우는 듯 웃는 듯

붉은 저 달

염화拈華

여승의 등이 치는 목탁은 초록이다
햇살 주렴 드리운 법당에 앉아
겹겹의 무게를 지우겠다고

굽은 몸담고 함께 걸어온 신발
나란히 벗어두고 보탠다
목탁 소리에 염불까지

한 움큼 담은 구름 날려 보내려
바람의 속도로 걷어내는 번뇌

아제 아제 바라아제 모지 사바하

파랗다, 엎드린 마지막 관절 펼 때쯤에야
여승의 발치

풍경 건드린 바람이
조심스레 문지방 넘어오며
납작해진 신발바닥 안의 그림자

벌떡 일으켜 세운다

깜빡 졸던 목어 따라서
출렁 뛰어내린다

묵화처럼 담백하면서도 꽃살문 문짝처럼 정교

■

김정옥의 「친숙한 문양들」은 다음과 같은 화두로 시작한다. "오어사가 꽃살문 문짝인가/ 꽃살문 빛바랜 문짝이 오어사인가"

오어사吾魚寺는 경상북도 운제산雲梯山에 있는 사찰이다. 절 이름의 내력은 이러하다. 신라의 고승 원효元曉와 혜공惠空이 함께 이곳의 계곡에서 고기를 잡아먹고 방변放便하였더니 고기 두 마리가 나와서 한 마리는 물을 거슬러 올라가고 한 마리는 아래로 내려갔는데, 올라가는 고기를 보고 서로 자기 고기라고 하였다는 설화에 의하여 오어사라 하였다는 전설이 있다. 放便방변의 뜻은 '변을 던지다.'이다. 불교에 문외한인 사람들은 변이 물고기로 변했다는 전설보다야 고매한 스님들이 살생을 하였다는 이야기가 왠지 뜬금없겠다. 어쨌든 김정옥의 시를 읽노라면 오어사라는 절 이름의 유래에서 보듯, 불교적 상식이 덤으로 주어진다. 그래도 시 읽기의 일차적인 즐거움은 "묵화 핀 솔가지 스친 눈발/ 탑의 어깨에 미끄러진다// 오어사 꽃살문 틈새 걸린 화두/ 동자승 빗자루가 쓸어 모은다"와 같은 구절이 환기하는 고요와 달관의 이미지다.

김정옥 시의 이미지는 묵화처럼 담백하면서도 꽃살문 문짝처럼 정교하다. 시의 이미지는 화두이기도 하다. 이를테면 「야행夜行」에서 "풀벌레의 집은/ 반달 기울어지는/ 먼 서쪽에 있다"고 할 때, 우리는 풀벌레의 울음소리와 함께 모든 존재의 '집'을 화두로 받는다. 한편으로 「염화拈華」의 "여승의 등이 치는 목탁은 초록이다"는 '등을 보인 채 여승이 치는 목탁 소리는 초록이다'일 터이다. 청각이 시각으로 전이되는 1연의 이 공감각적 이미지가 던지는 화두는 5연의 "파랗다, 엎드린 마지막 관절 펼 때쯤에야/ 여승의 발치"에 가서야 간신히 해답이 주어진다. 화두는 일반적인 상식을 뛰어넘는 문답에 대하여 의문을 일으켜 그 해답을 구하는 것이므로, 김정옥의 시에서 시상의 전개 방식은 화두의 방식과 일치한다.

김정옥 시의 화두는 무겁거나 따분하지 않다. 「염화拈華」의 시상은 이렇게 종결된다. "풍경 건드린 바람이/ 조심스레 문지방 넘어오며/ 납작해진 신발바닥 안의 그림자/ 벌떡 일으켜 세운다// 깜빡 졸던 목어 따라서/ 출렁 뛰어내린다". 충분히 지극해지면 아이처럼 천진해질 수도 있는 모양이다. 그리고 이것이 어쩌면 해탈이겠다.

글 | 신상조(문학평론가)

김주명

| 시 |

꽃의 인력

공중 산호

참

우주

꽃들의 반란

| 해설 |

행간의 여백이 전하는 전언을

풍부하게 간직한 시 – 신상조

약력 ~

평사리문학대상 수상(2010) •

2012 인도네시아 롬복섬으로 이주 •

<형상시학회>, 인도네시아 한인문인협회 회원 •

시집 「인도네시아」, 「바타비아 禪」 •

꽃의 인력

당신, 따라온 길
꽃길이었네

마치, 당신을 모를 때
피어있던 꽃
처럼

공중 산호

한 생이
돌고
다음 생에서도

탱주에 매달린
돌이 되라 하네

참

배부른 후
배고프기 전
한 끼와 두 끼 사이
이어질 듯, 끊어질 듯

당신과 나 사이

우주

돌아갈 곳이 있다는 것은
엄마를 기다리는 새끼 제비들처럼
언제나 지지배배

즐겁다

꽃들의 반란

더는
물러설 수가 없을 때
꽃은
꽃을 피운다

행간의 여백이 전하는 전언을 풍부하게 간직한 시

■

시는 행간의 간격이 촘촘한 산문과는 다르다. 행과 행 사이의 여백이 없는 시는 시가 아니다. 여백이 부재하는 문장만으로 이루어진 시를 놓고 우리는 좋은 시라고 이야기하지 않는다. 좋은 시는 행간의 여백이 전하는 전언을 풍부하게 간직하고 있기 마련이다. 이런 시일수록 무덤덤한 모습을 하고 있다. 고수의 동작에는 원래 기교가 드러나지 않는다. 무덤덤함 그 자체가 기교인 것이다.

당신, 따라 온 길
꽃길이었네

마치, 당신을 모를 때
피어있던 꽃
처럼

–「꽃의 인력」 전문

2연에 5행이 전문인 시다. 단출하다면 단출하고 담백하다면 퍽이나 담백하다. 얼핏 보면 무기교가 기교인 시다. 하지만 마지막 행의 '처럼'이 '행간 걸침'인 걸 확인하느라 굳이 전문 그대로 연을 나누고 행갈이해서 인용했다. 이 시는 세 번의 강약이 있다. 두 번은 쉼표를 통해, 나머지 하나는 '처럼'을 '피어있던 꽃'에서 떼어 내어 하나의 행으로 처리한 것에서 발생한다. 시에서 행간 걸침은 이월하는 시어를 강조하려는 목적으로 어순을 비틀고 독자의 호흡을 부자연스럽게 만드는 방식이다. 그러므로 이 시는 '처럼'이라는 부사격 조사에 시상이 집약되어 있다고 볼 수 있다.

그런데 이렇게 해석해 놓고 봐도 '처럼'의 의미는 여전히 모호하다. 아니 '처럼'이 이월되므로 이 시는 비로소 모호해진다. 시인이 이번에 발표한 「공중 산호」, 「참」, 「우주」, 「꽃들의 반란」 모두는 짧고 명징한 비유를 통한 아포리즘을 자랑한다. 이에 반해, 「꽃의 인력」은 모종의 아포리즘으로 쉽사리 환원되기를 거부한다. 의미를 강조하려는 시의 방식이 오히려 의미를 밀어내고 있으니 난감한가? 사실 이 시를 다시 읽게 되는 것은 바로 이 때문이다.

글 | 신상조(문학평론가)

박만성

| 시 |

클릭 피다

강물의 단상

가오나시

네트워크형 인간

| 해설 |

당대의 모습을 단 하나의 대중 기호로 형상화—신상조

약력 ~

2004년 대구교육대학교 졸업

<형상시학회> 회원 •

클릭 피다

눈으로만 감상하시라

딸각, 딸각
지금 어디? 벚꽃나무 쪽
불어오는 바람을 타고 떨어지는 꽃
차가운 한철이 지나가고 마주하는
봄바람, 꽃비를 가르며 나무 사이를 지나간다

클릭, 클릭
지금 어디? 구름이 뭉게뭉게 피네
만개한 꽃들을 뒤로하고 마주한 잿빛 구름
장대비, 바람을 가르며 나무 사이로 흩어진다

따닥, 따닥
무슨 소리? 익은 열매 꼬투리 벗는 소리
꽃이 아문 자리 노을이 문지르고 가서
맞이하는 수직의 한철
핏빛 울음, 상처 사이에서 피어난다

사각, 사각
무슨 소리? 마른 풀들
땅속으로 돌아가는 중
솟구치는 함박눈, 서서히 fade out

해와 달이 답글을 띄운다
스마트폰과 자웅동체가 된 나는
새소리, 바람 소리, 구름 소리를
네모난 콘크리트 지붕 아래
담아 두려고 한다

나의 나무는 자웅동체, 세상 밖과 소통이다

그가 무엇을 하는지 궁금하지 않다
내가 누른 '좋아요'가 열매로 회수되기를 바랄 뿐
뿌리로부터 와이파이를 타고 올라온 물은 관심이다

새 한 마리 클릭하여 나뭇가지 위를 드래그하자
구석에 있던 구름은 튕겨야 제맛이라 외친다

감정 없는 '좋아요'가 집회보다 소중한 곳

나는 또 키패드를 누른다

햄버거 먹으며 열매가 자라길 기다리다
노마드의 관계 망 속 뜬구름 같은 너의 모습이
해였다가 달이 되기를
희망한다
I really like you

강물의 단상

지나간 시간이 발 뜨거운 돌밭
차올랐다 가라앉는 강물 위로 물수제비를 띄운다
돌은 돌의 이마에 부딪혀 흔적의 주름을
지우겠다고 팔딱거린다

가로막는 보 하나 없이 원시 그대로 흘러가던 강
산업화되기 전까지 잉어와 메기가 놀던 강
가장자리는 어느새 오염된 침전물로 물 흐리고
송사리, 피라미, 개구리알 같은 친구들은
모두 뿔뿔이 흩어졌다

나 기억 속 강변에 돌아와보니
시멘트 플라스틱 금속에 연결된 마천루가
코드를 뽑아도 들어오는 전구처럼
반세기를 깜빡인다

-10대--------20대------30대-----40대---50대-

------산업화-----정보화--------4차산업-------

내가 던진 돌멩이는 흘러온 날보다
더 빨리 바닥에 닿아 썩은 거품 뿌글뿌글
미세먼지 하늘을 밀어 올리고 있다

가오나시

어둠에서 뿜어나오는
무표정의 가면을 쓰고
화면을 응시한다
소리는 귓가에 걸려 타다닥, 타다닥
자유를 구걸한 나는
망토로 감추어 놓은 송곳니에
말문을 닫고 침묵을 들이켤 뿐
초점 잃은 향기와 함께 방황한다
혼밥, 혼술, 혼겜
혼자가 좋아 미지근한 곰팡이처럼
방구석에 눌어붙을 때
정체 불명의 소리는 헤드셋을 흔든다
차가운 공기를 밀어내는지
출생 불명의 요괴는
그림자처럼 무표정한 모습이다
네트워크가 쳐놓은 거미줄에서
무음보다 빠른 시간이 수채화 종이처럼
빨강도, 파랑도, 노랑도 빨아들인다
중첩된 암흑이 찢겨질 때까지

네트워크형 인간

스크린의 문, 손톱으로 두드리자
몸의 속박에서 차례로 해방되는
눈, 귀 그리고 팔, 다리
0과 1의 기호로 직조된 세상
수압처럼 터진다
밀어닥치는 전류 속에서
이름 없는 번호와 회로를 부여받은
앞면의 네트워크형 금속 얼굴 인간이
걸어 나온다
몇 번의 클릭으로 부여받은 코드
자궁을 탐방하던 물의 기억도
땅의 속삭임도 일순간에 봉쇄되고
이제는 딱딱한 세상과 네트워킹이다
얼굴 없는 무리가 보내는 알림 소리
탯줄로 연결된 망을 타고 접속 시도를 하지만
인증은 오류
실패한 연결은 빈 페이지 스크린에서
네트워크의 전원을 흘려 넣자
재빨리 전환하는 접속들
또 다른 0과 1이 차단을 풀어
접속을 시도한다

당대의 모습을 단 하나의 대중 기호로 형상화

■

대중문화의 기호가 우리 문학에 처음 들어왔을 때의 놀라움이 기억난다. 도시적 감수성과 불온한 상상력이 빛나던 장정일 시의 자본주의적 기호들, 지금은 「쌍화점」과 「비열한 거리」의 감독으로 더 유명하지만, 한때는 영화와 무협소설과 압구정의 오렌지 문화를 통해 현대인들의 초상을 날카롭게 그리던 유하의 시, 그리고 "벰 베라 베로를 아시는가?"로 시작하는 「요괴인간」이 인상적이었던 권혁웅의 『마징가 계보학』에 이르기까지, 한국 문학에서 대중문화의 기호가 가지는 의의는 각별하다. 그러나 어느 누구도 당대의 모습을 단 하나의 대중 기호로 형상화하지는 못했던 것 같다. 그 어려운 일을 박만성의 '가오나시'는 너끈히 해낸다.

'가오나시'는 일본 애니메이션 「센과 치히로의 행방불명」에 나오는 캐릭터다. 가오나시는 일본어로 '얼굴 없음[顔無し]'을 뜻하는데, 가면 같은 하얀 얼굴에 검은 신체를 갖고

있어서 그 모습이 매우 그로테스크하다. 영화에서 가오나시는 "외로워, 외로워. 갖고 싶다, 갖고 싶다. 먹고 싶어, 먹고 싶어"라는 말만 되풀이하면서 탐욕스럽고 게걸스럽게 모든 것을 먹어 치우는 블랙홀 같은 존재로 묘사된다. 그런 점으로 말미암아 "일탈과 과잉"의 상징으로 해석되던 가오나시를, 박만성은 오늘날 컴퓨터가 지배하는 디지털 문화의 "모습"에 겹쳐 놓는다. "출생 불명의 요괴는/ 그림자처럼 무표정한 모습이다/ 네트워크가 쳐놓은 거미줄에서/ 무음보다 빠른 시간이 수채화 종이처럼/ 빨강도, 파랑도, 노랑도 빨아들인다/ 중첩된 암흑이 찢겨질 때까지"(「가오나시」)라고 묘사하는 대목에 이르면 섬뜩하다. "앞면의 네트워크형 금속 얼굴 인간이/ 걸어나온다"라고 디지털 사회를 언급하는 「네트워크형 인간」이나, "클릭, 클릭"을 반복하면서 사이버 세상에 함몰된 현대인들을 형상화한 「클릭 피다」도 '가오나시'에 비하면 시시하다. 때로 어떤 시인은 단 하나의 시어로 그가 속한 세계를 관통한다.

글 | 신상조(문학평론가)

박춘남

| 시 |

핑크뮬리

용담초처럼

조림 소개팅

말을 연주하다

아시야, 팔아요

| 해설 |

핑크빛으로 달콤하고 말랑말랑하게

사실적이며, 싱싱하고 푸르른 삶—신상조

약력 ~

2014년 ≪문장≫ 등단 •

<형상시학회>, 대구시인협회, 문장작가회 회원 •

시집 『생각, 샤워하다』 •

핑크뮬리

쌀가루에 호박을 섞으면
노랑 백설기 되고
흰 설탕에 무엇을 섞으면 핑크가 될까

솜털 검은 입구 설탕을 떠 넣고
퐁퐁 솟구친 솜을 막대기로 감으면
우거진 들판엔 억새꽃 핀다

각자 다른 길을 걸어와 한 숲에 든
솜사탕 장수 홍씨와 네모난 심장을 가진 나는
여전히 손잡지 못한 계절이다

시든 가을 속으로 천천히 걸어 들어가
백년초 백설기 자욱이 피워
그는 솜사탕을 팔고
시루 앉히듯 내리는 하관 위로
나 하늘 수레에 올라볼까

단풍나무숲 사이에 두고

함께하자는 백 년의 흔들림에
맞잡은 손은 핑크와 핑크
그제야 물리는 붉다

용담초처럼

당신이 슬퍼할 때
티브이 주말드라마가 꽃으로 핀다
사랑한다고 핀다

비에 젖은 여린 잎 주인공에게 빠진
남편 사랑이 지나쳐
몸 밖으로 가시를 밀어 올린다

괜찮아요? 다친 데는 없나요
내가 물어보는 동안에도
쑥쑥 자라는 가시나무 남편

믿을 수 없어요, 무슨 일이 있었지요?
내가 당신의 꽃으로 피려 할 때
아프지 말고, 울지도 말고
마냥 기다리라던 당신

이젠, 내 슬픔보다
티브이 속 꽃말이 더 좋은가 보다

쓴맛을 삼키고 쑥쑥 자란 웅녀와
걸어 들어간 시월 속에서
당신 어슬렁어슬렁 잘도 논다

조림 소개팅

아르기닌 왕성한 엄마에게 등 떠밀려
로컬푸드 마켓 소개팅 나갔다
뿌리 깊은 집안 남자라더니
땅의 기운 듬뿍 받은 싱싱한 자태
우엉은 킹카였다

그가 뿜어내는 사포닌 아린 맛에
내 혼미한 설렘이 홀렁 벗긴 껍질
어슷썰기 해야 하나
아니면, 채썰기 해야 하나
휜칠함을 집으로 데려온다

알랑하게 드러날 뽀얀 내 속내도
우선, 갈변 방지를 위해
다시마 육수에 담가두기로 한다

그의 말은 한마디 한마디가 아삭해서
찻잔 넘나드는 정적까지 다지고 볶느라
가슴팍까지 열기가 오른다

서서히 조려져 생겨나는 갈색 윤기
딱, 멈추는 심장 위에
그제야 솔솔 통깨를 뿌린다

말을 연주하다

말에도 조율이 필요해
파스텔톤 중저음이면 좋겠어

채근하는 운지법 따라
튜튜 내게 불어대는 말꼬리는
늘 짧아서 더 먹먹해

반음 플랫 되었으면 하는 당신과
엇박자로 되받아치는 나 사이에서
부질없이 생겨난 층간소음

울림통 좋은 색소폰 닮은 남자
겸양어 곁들인 애드립 연주가 절실해

악보의 말투 튜닝 되지 못해
볼 부은 낯빛 내 하루는
불쾌하지 않도록

아지야, 팔아요

동네 새로 들어선 야채가게는
싱싱한 것만 판대요

북적대는 새댁 무리에 끼어들려고
묵혀둔 치마 다려 입었어요
덤으로 받아 온 아지야로
냉장고는 넘쳐나도 좋아요

오늘은 잘생긴 해남 고구마 듬뿍
아지야 민소매 팔뚝에 얹어놓았어요
이것 다 살 거예요
계산해주세요
이두근 삼두근
기다리는 심장이 더 난리죠

불끈불끈 생겨난 줄금에다
눈 질끈 감고 좍 그어대는 카드
탱탱하게 당겨져 나오는 아지야 눈빛에
단호한 한마디

영수증은 버려주세요

내가 꽃으로 피는 자리는 아지야의 복근 식스팩

질끈 묶어주는 야채 단 속에서
푸들푸들한 주름치마가
싱싱하게 살아나요

핑크빛으로 달콤하고 말랑말랑하게 사실적이며, 싱싱하고 푸르른 삶

■

박춘남의 시는 핑크빛으로 달콤하다. 그의 시에 "쌀가루에 호박을 섞"어 만든 "노랑 백설기", "설탕을 떠 넣"어 막대기로 감아 만든 "솜사탕"이 자꾸자꾸 만들어져 나온다고 해서만은 아니다. 이 시의 제목은 '핑크뮬리', 그러니 시인은 음식 이야기를 하는 게 아니라 분홍색, 자주색, 보라색 색색의 꽃 색깔을 자랑하는 핑크뮬리에 대한 인상을 층층이 시루 앉힌 백설기와 하얗게 피어나는 솜사탕으로 묘사하고 있다.

박춘남의 시는 주말드라마보다 사실적이다. 「용담초처럼」에는 "티브이 주말드라마"에 푹 빠져 아내와 사랑할 새도 없는 남편이 등장한다. "비에 젖은 여린 잎 주인공에게 빠진" 이 남편은 TV 속 '웅녀'와 "어슬렁어슬렁 잘도" 노느라 정작 자신의 아내에게는 무심하기 이를 데 없다. 아내인 자신의 "슬픔보다/ 티브이 속 꽃말"에 더 관심을 기울이는 남편을 보며 그녀는 슬프다. 과거에 남편이 자신을 얼마나 사랑해주었는지 기억하기에 아내의 이런 슬픔은 당연해 보인다. 그럼에도 이들 부부의 갈등은 어딘지 웃음을 베어 물게 만드는 구석이 있다. 박춘남의 시는 현대의 전형적인 부부 모습을 보여주지만, 그것은 해학에 가까운 말랑말랑한 사실성이다.

이제 박춘남 시의 화자는 TV와 사랑에 빠진 남편은 그러려니 한 채 씩씩하게 "소개팅"에 나선다. 그녀가 소개 받은 "남자"는 "뿌리 깊은 집안"에 "싱싱한 자태"를 자랑하는 "킹카" 중에 킹카. 웬 막장 드라마냐고 눈을 흘길 필요는 없다. 껍질을 벗겨 다시마 육수에 담근 후 다지고 볶고 조린다는 대목에서 '그'의 정체는 드러난다. 그날 저녁, '그'를 요리한 우엉조림은 틀림없이 남편의 밥상에 오를 테고, 그러니 「조림 소개팅」의 화자 삶에서 고소한 깨소금 냄새가 진동하는 건 필연적이다.

"동네 새로 들어선 야채 가게"의 "아지야"에게 주책없이 반해버린 그녀, 그 아지야의 "민소매 팔뚝"에 "이두근 삼두근"(「아지야, 팔아요」) 심장이 나댄다는 박춘남 시의 화자에게서 우리는 평범하고 일상적인 이야기를 듣는다. 세상 어떤 야채 가게의 야채보다 싱싱하고 푸르른 삶을 듣는다.

글 | 신상조(문학평론가)

변철의

| 시 |

| 해설 |

약력 ~
경북 포항 출생 •
<형상시학회> 회원 •

장송葬送

삶이 멀어지는 일은
별이 떨어지는 것과 다르다

밝음을 내뱉던 빛 하나가
없어지는 것과는 다르다

온기를 머금던 생명이 사라지는 숭고한 섭리는
살을 맞대고 時空 나누던 온기가 사라지는 것이란 말이다

쓰읍, 벗을 배웅하러 떠난 밝음이 벌써 그리웁다.

겨울 끝에서

겨우내 앙상한 갈비뼈에 붙어 지내던
싸늘한 공기가 제법 따뜻하다
손을 천천히 내려 쓰담다
화들짝 놀라 다시 배 밑으로 손을 감추었다

살며시 내린 시선이 동토를 뚫은
초록 새싹을 마주한다.
얼마나 힘이 들었니?
입술 떼는 순간
새싹이 살랑 고개 돌렸다

벌떡, 무거운 낙엽 더미 박차고 기지개 켠다.

추풍秋風

고개 돌려 바라본 차창 4시 12분
오래된 손목시계 태엽 소리만 존재 알린다
고개 떨구며 가슴 향해 긴 호흡 내뱉는다
손 더듬어 붉은빛 열어진 가죽가방 움켜쥔다

경적 소리에 미간을 찌푸리지만
6호 차 탄 승객 어느 누구도 알지 못한다
쓴웃음, 그리고 두터운 손으로 마른세수한다
온기 감돌다 이내 가신다
어슴푸레 보이는 창밖 플랫폼

비틀, 일어나 발걸음을 옮겨 내린다
추풍秋風에 업힌 비린내가 코를 엄습한다
땅 딛고 올려보니 포항역이다.

여름 문턱

step1.
늦은 밤 행위로는 해결되지 않는 갈증
싱글몰트 잔을 더듬는 손가락
손가락 끝에 이끌려 뿜어진 연기가 갈증을 더한다
목젖을 통과한 나지막한 신음은
혼탁한 공기의 주파수를 더듬고
돌고 돌아 다시 귀를 만진다

step2.
귓불을 두드리는 소나기의 울림은
다시 청춘으로 변하고
내리쬐는 태양 아래 걸음으로 옮긴다
목덜미를 타고 내린 다시 찾아온 갈증
깊은 곳으로부터의 열정
뚫어지게 바라보는 싱그러움
고개를 떨구어도 떨궈지지 않는다

step3.

여름 문턱 내린 이른 장마의 비 내음,
이내 또 약간은 비릿한 내음
목마름은 이내 또 채워지지 않고
한껏 내달릴 준비를 한 채 문고리를 돌린다
열고 나간 문, 이글거리는 태양을 마주한
비루한 뒷모습을 달래듯
서서히 아주 서서히 닫혀버리는 문.

벚꽃 인연

그래, 얼음 비탈 미끄러지듯 내게 오고 싶었겠지

그저 휘익 성급한 목련꽃 봉오리 돌다
살포시 내려앉으며
그렇게, 막 떠나려는 너와 만나고 싶었지

하늘 볼 찰나가 아쉬운 나는
애써 내려앉은 널 눈치채시 못하고
흩날리며 수줍어 분홍으로 떨어지는 너를
눈으로만 잡으려 했구나

휘익, 기다린 만큼 나 손 내밀어 너는 이미 내려왔는데

한 편의 연극을 관람하듯 다채로운 시의 형식

■

「오감도烏瞰圖」를 비롯한 이상의 시가 ≪조선중앙일보≫에 이태준李泰俊의 소개로 연재되었을 때의 소동은 우리 문학사에서 유명하다. 연재를 중단하며 "왜 미쳤다고들 그러는지 (…) 2천 점에서 30점을 고르는 데 땀을 흘렸다."라는 이상의 낙망을 대하면 마음이 절로 숙연해진다. 그는 단순히 기교를 지향해서 기교를 부린 시인이 아니었다. 그가 남긴 또 다른 유명한 말은 "현대인은 절망한다. 절망은 기교를 낳고, 그 기교 때문에 또 절망한다."였다. 이상의 시가 가진 난해함은 현대인의 절망을 표현하는 방식으로의 난해였다. 시적 형식이 시적 의미라는 말은 이상 시의 조건이었던 것이다.

변철의의 작품을 논하기도 모자라는 이 짧은 지면에서 굳이 이상의 시를 언급하며 시작하는 이유가 있다. 5편의 발표작 각각이 가진 형식의 유별함 때문이다. 먼저 「장송葬送」은 "다르다"는 단정적 서술어의 반복, "것이란 말이다"로 드러나는 청자에게 말 건네는 방식, "그리웁다"와 같은 고어체의 서술, 그리고 무엇보다 '~은 ~과 다르다'는 문장 형식의 반복을 활용한 아포리즘적 어조가 인상적인 시다. 마지막 행의 "쓰읍"은 무엇인가 마음에 걸리는 것이 있을 때 내는 음성상징어이지만, 문장형 부사의 꼴을 하고 있어서 시행 전체를 수식한다. 짧은 서정시 한 편에 결코 단출하지 않은 형식이다. 이 같은 시 형식의 다채로움은 5편의 시편들을 서로 비교했을 때 더욱 또렷해진다. 자연 사물을 인격화한 동시적 상상력이 돋보이는 「겨울 끝에서」, 여로형 시상 전개 방식에 화자의 내면을 자연스레 녹여낸 「추풍秋風」, 서정시의 전형이라고 할 수 있는 '선경후정'을 비튼 「벚꽃 인연」은 각기 다른 대상들을 따라하지 않는다. 이 중에서도 「여름 문턱」은 단연 형식의 파격이 눈에 띄는 작품이다.

「여름 문턱」은 3개의 연으로 이루어져 있는데, 각 연의 서두에 "step 1", "step 2", "step 3"라는 기호가 표시되어 있다. 이는 시나리오의 장면 표시 번호('S#')를 연상케 한다. 과연 시 전반은 극 문학처럼 인물의 행동과 무대 연출을 지시하는 행동지시문과 무대지시문을 닮아 있다. 그렇더라도 이 시는 인과적 논리나 행과 행, 연과 연 사이의 맥락으로는 의미를 짐작하기가 어렵다. "서서히 아주 서서히 닫혀버리는 문"을 보며 막이 내리는 장면임을 알아채는 실험극의 관객들처럼, 우리는 한 편의 전위적인 연극을 관람하듯 이 시의 '이미지'를 어렴풋이 읽어내는 것으로 만족해야 한다. 시인은 목하, '천 점'의 시를 쓰고 있는 중이다.

글 | 신상조(문학평론가)

서강열

| 시 |

깜빡여행

별을 품은 산장

음소거

노숙

사시나무 사랑

| 해설 |

시인의 주관성이 개입된

낯선 언어로 새롭게 탄생—신상조

약력 ~

<형상시학회> 회원 •

깜빡여행

뭉클해서 숨겨둔 깃털
꺼내려 동굴 같은 서랍을 열었으나
비어 있다, 그 옛날 딸아이
입학하는 날 달아준 걸 깜빡했다
꿈을 씹다가 망가진 이빨일수록
아침이 고통임을 알게 했지
마개가 닫혀 제 혼자 부풀던 몸
늘 그대로인 괄약근을 데리고
훌쩍 여행이나 떠나 볼까
배롱꽃 터뜨려 가방 속에 넣어볼까
별을 기다리기에 바쁘다가
하수구에도 꽃이 핀다는 것을
그땐 왜 몰랐을까
너무 밝아 볼 수 없었던 어제가
다리 위에서 오늘을 굽어볼 때
강물은 또 다른 치약이다
딸에게 달아준 엄숙이라는 깃털이
벌침인 걸 알았을 때
가시는 입안에서 우물거린다

별을 품은 산장

햇쑥으로 빚은 떡을
문복산이 입에 물었다
중학교 운동장에서
딱지치기에 열중이던 무리가
반세기 지나 산장에 모였다
굴러가는 배구공은 절뚝거리지 않았고
팔꿈치는 엘보의 통증인데도
찔레꽃 입에 물고 구름 위를 걷는다
잘나갈 때 연락 두절
툴툴 파산하고 날아온 친구
찔레꽃잎 모아 입에 물려주고
노래 한 곡 청하니 교가를 부른다
흰구름 보며 눈물이 찔끔
산장을 품은 안개가 되어
걸어가는 내 등 뒤를
살금살금 따라온 친구는
별을 꿰어 목걸이로 걸어준다
툴툴 걷어찬 길가의 풀들
쑥향 되어 도시까지 따라온다

음소거

무리에서 뒤처진 말벌 한 마리
공중을 세 바퀴째 돈다

아침을 두고 머물까, 떠날까 고민하다가
배나무 우듬지엔 꽃잎 군단
헬리콥터처럼 내려앉는다

하필 거미줄 한가운데라니!

넋 놓고 추는 춤으로
나비라도 잡으려는 듯
육차선으로 뛰어든 아이, 쉿!
엄마 머리 위 말벌에 짧은 호흡이다

바람의 너울거림에 나무의 꽁무니는
통증처럼 따라다닌다

정오를 삼켜서 배 불룩해진 먹구름
울부짖으며 내뿜는 긴 호흡은 기둥의 진화

이글거리는 눈빛이다

느리게 고요하게 뿜어내는 소방차의 물기둥
사선이든 곡선이든
위태한 아침에 무슨 의미가 될까

리모컨 속에 숨겨진 음소거 기능 앞에서
누를까 말까 기로에 선 나
유리벽에 갇혔던 나

하늘길 길목마다 거미줄 자욱한 오늘
말벌이 무사하길 기도한다

노숙

추워도 더워도 집안으로 들여놓지 못해
온몸 푸석해진 주춧돌
견뎌낸 발길질의 시간을
간밤 불어온 바람은 심장까지 문질러 준다
구멍 숭숭 난 단풍잎 굴러 왔다
제멋대로 달아날 때
잡아 보겠다고 내밀던 손끝이 트실하다
고양이 소꿉놀이 베개에 닿아
나비 꿈을 꾸기도 했으리
지금은 궁뎅이 실룩이는 옆집 아줌마 분가루에
너의 옆구리는 한 번 더 푸석해졌다
집이 처음 거기 들어선 날부터
지금껏 바닥을 지켜온 주춧돌
남자도 아닌 여자도 아닌 그저
사람의 무게를 가늠하다가
등 우묵해졌다
오르내린 밤안개의 무게도 안다
어제와 달라진 오늘의 나를 안다
먹구름에 놀란 날은 방 안에 들고 싶다고
칭얼대던 노숙
오랜 한뎃잠에
골골 앓는 소리 듣는다

사시나무 사랑

첫눈 오는 날 원두술 거기서 만나요
어긋난 것은 평행선의 시작

눈 오는 날이면 노을에 긁힌
구름의 등을 본다
어쩌면 접점을 몰랐을 수도 있다

사시나무가 그렇게 떨어대는 것은
오랜만의 만남이 두려워서일까
서로 바라보는 거리에서
꽃을 피워야 할 수밖에 없는 너와 나
사시나무의 운명처럼
그러나 다른 하늘을 보는 눈은
이미 꽃이다

꽃이 아닌 어깨가 함께 추는 바람의 춤
어디에서 입맞춤해야 할지 모른 채
앞으로만 향한 내 발길이
첫눈이라는 말에

그리움인지 원망인지 주춤거려졌다

등을 보이고 떠나는 가을엔
왠지 젖은 눈가 보여줄 수 없어서
일렁이는 물빛 내려다보다가
나무는 나뭇잎 하나씩 떨군다

시인의 주관성이 개입된 낯선 언어로 새롭게 탄생

■

문학이란 대개 인간 체험의 표현이다. 행과 연을 구분하고, 운율적 요소를 갖추고, 함축적인 언어를 사용하는 시의 몇몇 가지 특징은 종종 그 체험을 구체적으로 드러내기보다 은밀히 감춘다. 물론 시인이 자신의 경험을 곧바로 시로 만드는 건 아니다. 시인은 경험을 가지고 시를 만드는 게 아니라 경험 앞에서의 정신과 감정의 특별한 반응을 재료로 시를 쓴다. 더군다나 시어는 지극히 미세하고 감각적이다. 시어는 사전적 의미보다 시인의 사상과 주관적 감정에 봉사하는 데 보다 충실하다. 본래의 지시적 의미를 과감히 놓아버린 시어는 시인의 주관성이 개입된 낯선 언어로 새롭게 탄생한다.

그러므로 "첫눈 오는 날 원두숲 거기서 만나요/ 어긋난 것은 평행선의 시작"(「사시나무 사랑」)과 같은 구절을 만나면 일단 산문으로 바꿔서 읽고 싶은 욕심이 생긴다. 시인이

띄엄띄엄 이야기해놓은 부분을 촘촘히 메워서 읽고 싶은 것이다. 이를테면 시적 주체는 '첫눈 오는 날' 누군가와 만나기로 약속했다. 어디서? 원두숲에서. '원두숲'이라니? 그런 이름을 가진 숲도 있나? 아무튼 그날, 두 사람의 약속은 지켜지지 못한 걸로 보인다. 왜냐하면 어긋났다는 표현이 나오기 때문이다. 게다가 '평행선의 시작'이라는 걸로 봐서 두 사람은 이후로 영영 이별을 한 모양이다. 첫눈 오는 날 만나자는 약속은 '삐삐'로 상대를 호출하던 시대도 훨씬 더 이전, 그러니까 동네 공중전화로 전화를 걸어 "거기 아무개 오빠 있나요? 오빠 바꿔주세요." 하던 아주 아주 까마득한 옛날을 환기시킨다. 시인은 무언가에 회상이 촉발되어 시를 쓰고 있나 보다.

단 두 행을 가지고 이렇게 구구절절 해석할 수 있는 걸 보면 시는 분명 압축에 능한 장르임에 분명하다. 서강열 시의 서사성을 강조하기 위해 멀리 둘러왔다. 딸과의 추억에 기대 노년의 삶을 이야기하는 「깜빡여행」, 반세기 만에 모인 초등학교 동창생들의 만남을 따뜻하게 그린 「별을 품은 산장」, 한 가정의 역사를 지켜본 주춧돌의 삶이 감동적인 「노숙」에 이르기까지, 서강열의 시는 다양한 서사의 애틋한 기록장이다.

글 | 신상조(문학평론가)

심수자

| 시 |

| 해설 |

약력 ~

2014년 ≪불교신문≫ 시 등단 •
<형상시학회>, 대구시인협회, 대구예술가곡회 회원 •
월간 ≪모던포엠≫ 편집위원 •
시집 「술뿔」, 「구름의 서체」, 「가시나무 뗏목」 •

따뜻한 운구

해독할 수 없는 심우도尋牛圖 속에서
닳고 닳은 신발 한 켤레를 본다

편백나무 그늘을 밟은 기억에
흘린 땀의 두께가 밑창으로 깔려
늘 높이가 그대로인 신발

불온한 어둠에 씻겨 오히려 맑아진 신발

내다 버리려고 화단에 놓아두었는데
네가 떠날 우주에서 마중 온 풀들이
상여에 종이꽃을 피우기도 하지

일회용 웃음에 상처받은 날도
용서하지 못한 사람 용서하라는 만가輓歌,
말 없는 너의 흔들림은

염화미소였다

퇴행

집안 등들의 조도가 언젠가부터 점점 낮아졌다

아이들 자라 타지로 떠나간 후
맹목의 그리움은 깊어졌다
숨차게 달린다 한들 닿을 곳 없는 내 표정
천장에서 희뿌옇게 변해간다

적막이 키운 속수무책은 둥둥 떠도는 먼지들 앞에서
눈꺼풀 껌벅거리기 시작했다

불빛 없이 닿은 착지점에서
기우뚱거리는 동안에도
소리 소문 없이 생겨나는 검은 반점들

붉은 암호 같은 갑골문자는
움찔거려 한 줄 남기고 싶은 발진이다

무릎 푸르던 보리수 열매들도
절 마당까지 따라와
어느새 붉은 등으로 걸리고

경사傾斜면에서

수평인 식탁 위에 쌓아둔 접시가 불안하다

생쥐 이빨 가는 소리에
멀쩡한 창문틀이 기울어지는 세상이고 보면
맑던 푸른 하늘도
잿빛으로 기울어질 수도 있겠다

수평이 급경사로 옮겨 간다면
나, 부끄럼 없이 하늘 향해 바로 설 수 있을까

무명의 풀들이 바람으로 일어설 때도
기울기 시작하는 지상의 한 모퉁이에서
무궁화는 떼 지어 피어나리라

바로 서지 않는 피사의 탑은 반항 같아서
부러진 새끼손가락, 철심을 빼고도
내 불신은 한쪽으로 기울어졌다

비탈에서 차오른 안개꽃은 당신의 슬픔
수평인 나를 기울게 한다

대동여지도

남쪽을 향해 걸었는데 북쪽이다
산 능선을 올랐는데 바다다

이정표들은 어디로 다 숨어버린 것일까

예상하지 못했던 비포장에
울퉁불퉁 부풀어 오른 발바닥
설명하지 않은 경계선 앞에 서고 보니

깊은 통증이다, 아리다
낭패다

굴렁쇠 같은 운명을 노래하자
폭죽으로 팡팡 터지는 수많은 방언들

목표물 없이 주워든
길가의 작은 돌멩이
쌓인 울분인 듯, 던지는 어둠 속

땅의 비명소리가 들렸다

정박

내 호주머니 안쪽에 숨겨둔 허기에서
일몰 냄새가 난다

끊긴 듯 끝나지 않은 허기는 무엇으로 채워야 하나

생겨났던 길이 물가에 이르면 흔적 없이 사라지기도 한다는데
채울 수 없는 빈칸의 가슴을 가진 나
어디에서의 정박으로 오늘의 허기를 밀어낼 수 있을까

멀리서 간간 들리는 뱃고동 소리에
징검돌을 건너온 시간들은 모여
비릿한 슬픔으로 함께 말라가고 있었다

마지막 배를 놓친 여자가 고양이처럼 서성이는 사랑도
밧줄에 묶인 몇 척 고기잡이배
털 듬성한 고양이 까만 눈빛
부두는 허기로 출렁인다

모순적 진술이 지니는 의미의 함축성

■

시는 일상적이고 지시적인 어법을 따르지 않는다. 가령 "남쪽을 향해 걸었는데 북쪽이다/ 산 능선을 올랐는데 바다다"(「대동여지도」)라는 진술은 논리의 정합성을 따지는 일상 어법으로는 분명 모순적이다. 이 모순적 진술이 지니는 의미의 함축성이 시의 정서를 심화한다. 그리고 이러한 모순적 진술이 심수자 시의 특징이다.

「대동여지도」를 좀 더 살펴보자. "이정표들은 어디로 다 숨어버린" 상황이다. 삶은 "비포장"을 걷는 일이라, "발바닥"은 온통 상처투성이다. 채찍에 맞아야 쓰러지지 않는 "굴렁쇠 같은 운명"이라는 비유는 삶의 비의에 의존하고 있다. 굴렁쇠의 둥긂은 밝고 완전한 세계에 해당하겠으나, 그 '둥근' 세계를 지탱하는 힘은 아이러니하게도 채찍이다. 그러므로 상승적 이미지의 '남쪽'이 삶의 이상이라면 하강적 이미지의 '북쪽'은 삶의 현실이다. 상승적 이미지의 산 능선이 힘차고 아름다운 존재의 양식이라면, 하강적 이미지의 바다는 지치고 누추해진 영혼이 가닿은 실패의 지점이다. 긍정은 긍정에 이르지 못하고 끝내 부정에 이른다. 해서 "깊은 통증이다, 아리다/ 낭패다"라는 신음이 터져 나온다. 시의 주체는 "목표물 없이 주워든/ 길가의 작은 돌멩이"를 "쌓인 울분인 듯, 던"져 보지만, 애초에 그것은 돌멩이가 떨어질 줄 알면서도 하는 무위의 팔매질. 떨어진 돌에 맞은 "땅의 비명소리"가 이를 입증한다.

포구에서 본 풍경을 통해 시적 화자의 내밀한 정서를 드러내는 「정박」 역시 현실 인식이 비극적이다. 시는 "일몰"의 정서와 "끝나지 않은 허기"와 "비릿한 슬픔" 등의 부정적 단어가 작품 전체를 점하고 있다. "물가에 이르면 흔적 없이 사라지"는 길 위의 삶이 생이다. 그렇다면 정녕 희망 따위는 없는 걸까?

심수자의 시는 '희망'이 고통을 대하는 태도의 다른 이름이라고 이야기한다. "심우도尋牛圖 속에서/ 닳고 닳은 신발 한 켤레"를 찾아낼 수 있는 눈, 그 신발이 "어둠에 씻겨 오히려 맑아진 신발"(「따뜻한 운구」)임을 알아볼 수 있는 마음이 희망이라고 이야기한다. 그 마음이 피워내는 "염화미소"가 아름다워서 아프다.

글 | 신상조(문학평론가)

이재하

| 시 |

어느 여름의 백두의 천지에서 헤엄을 치다

고목둥치에 매화 피다

노을, 중절모를 쓰다

| 해설 |

선비의식에 기독교적인 세계관을 접목—신상조

약력 ~

경북 의성 안계 출생 •

경북대 법과대학 졸업 •

2009년 ≪문장≫ 등단 •

대구악우회, 문장작가회, <형상시학회> 회원 •

시집 『목련제』 •

어느 여름의 백두의 천지에서 헤엄을 치다

초록 설렘은 먼저 길을 떠났다 곧 찾아간다는 내 기별에 그는 장백의 긴 길섶들을 온통 야생 들국화 천지로 반겨주고, 바람과 구름, 햇빛 그리고 옅은 안개조차 제 마음인 양 선발대로 보내주었다 통화에서 따라와 미리 도열한 자작나무는 조금은 미안한 듯 애틋한 연민을 감추고 괜찮다, 괜찮다며 흔들리는 어깨너머로 하얀 조막손 흔들어 주었다

굽이치는 등고선, 하늘의 길
카타콤 지하동굴에서 들려오는 허밍

맑고 흰 안색으로 보아, 그는 아리고 처연한 마음으로 기다리고 있었다 펄펄 끓어오르는 몸 끌고 억겁을 달려온 현무빛 건각조차 이제는 순한 에메랄드 물결로 반짝이지만, 꽉 다문 입술, 나를 부여잡는 눈빛 결기는 그의 심연 어디쯤 카타콤 지하에서 들려오는 간절한 염원에, 나는 가슴에 담아온 조선의 들국화 꽃 한 잎 두 잎, 내려가는 난간에 뿌리며 아! 그의 혼조차 끊긴 고성소까지 자유형으로* 깊이깊이 헤엄쳐 들어서 함께 무릎을 꿇었다

주여! 저희들 겨드랑이 삼족오의 검은 날개를 돋게 하소서
당신을 세 번 부인한 베드로를 용서하듯
죽음에 팔아넘긴 유다조차 불쌍히 여기었듯
팔천만 저희 원죄 부둥켜안고서라도
한 번만 더 날아오르게 하소서
흰가 백록까지 한 번만 더,

* 이성복의 시 「추석」에서 원용

고목둥치에 매화 피다

구순의 치매증 어머니 그 요양병원 최고령 고목둥치이시다
바나나 한 봉지 들고 오랜만에 방문한 내게
어저께, 오월 초사흘이, 니 할배 젯날일인데…
잘 모셨느냐 하신다 기억의 강물이 남편도 자식도 아닌
시아버지 기제일에 딱 멈추어, 마지막 잎새인 양
가지 끝에서 파르르 떨고 있다

저 환한 매화꽃 한 송이!
고목둥치에 허물처럼 붙어있다

쿵, 하고… 쓰러질 것이다 저 굵은 둥치!
흰 꽃잎 하나 나비처럼 날아오는
그 날에

노을, 중절모를 쓰다

오후 다섯 시 복개된 범어천 야외 카페
엔젤인어스, 소박한 탁자 앞에 단아한 정장
초로의 중절모 하나 앉아있다

막 떠나려는 노을이
비스듬히 그의 의자를 받쳐주고
아직 식지 않은 카푸치노 한 잔
제 안의 선과 악을 번갈아 불러내어
천천히 갈색과 흰색 거품을 젓고 있다

타르같이 끈적이던 길들이 탈색되어
뒷머리에 훈장인 양 백합꽃 피었다
비스듬히 거리에 등 돌린 그의 안색을
노을이 달래는 중이다

몸속 천사가 적막을 어루고 있는 듯
치열한 삶이 떠나간 저 풍경!

조용히 일어서서 멀어지는 소실점
반려견이 뒤따른다

선비의식에 기독교적인 세계관을 접목

■

어느 여름, 백두산 천지를 방문한 화자가 "나는 가슴에 담아온 조선의 들국화 꽃 한 잎 두 잎, 내려가는 난간에" 뿌린다고 고백한다면,(「어느 여름에 백두의 천지에서 헤엄치다」) 우리는 화자의 가슴속에 뿌리내린 국가관이나 민족에 대한 애정을 확인하기 이전에 '조선'이라는 익숙하면서도 지금은 불리지 않는 우리나라의 옛 명칭에 주의를 기울이게 된다. 이재하의 시가 유교에 뿌리 내린 현실 참여적인 삶의 자세, 즉 선비의식과 무관하지 않음을 이야기하고 싶은 것이다.

흔히 유교의 선비의식을 현실과는 무관한 학문의 절대적 경지만을 추구하는 것으로 인식하고 있지만, 사실은 그렇지 않다. 조선의 선비는 현실적인 문제에 끊임없는 관심을 가지며 학문을 현실화하고자 한 계층을 대변한다. 이러한 선비의식에 기독교적인 세계관을 접목한 것이 이재하의 시가 가진 특징이다. 앞선 시에서 "당신을 세 번 부인한 베드로를 용서하듯/ 죽음에 팔아넘긴 유다조차 불쌍히 여기었듯/ 팔천만 저희 원죄 부둥켜안고서라도"라는 대목이 그의 시가 가진 정신적 이념을 설명한다. 따지고 보면 우리 민족에 뿌리 내린 사상이나 종교는 우리 모두가 생래적으로 획득하고 누리는 정신적 토양이기도 하다. 때문에 그것이 시에서 드러남은 전혀 이상한 일이 아니다.

「고목둥치에 매화 피다」는 이재하 시의 지고하고 근엄한 선비의식의 뿌리가 어디로부터 기인하는지를 보여준다. "구순의 치매증 어머니 그 요양병원 최고령 고목 둥치이시다/ 바나나 한 봉지 들고 오랜만에 방문한 내게"라고 시작하는 시는 치매에 걸린 노모의 기억이 "시아버지 기제일에 딱 멈추어" 있노라 탄식한다. 그런데 노모에 대한 화자의 탄식은 "저 환한 매화꽃 한 송이!"라는 감탄과 찬양에 다름 아니다. '매화'는 조선시대 사대부들이 숭상해 마지않던 지조와 절개의 상징물이다. 자본이 우리 사회를 움직이면서 전통사회가 가졌던 의식이 많이 퇴색되었다. 그러나 오랜 정신적 이념이 가진 현대적 가치를 이재하의 시는 잊지 않는다. 그의 시가 가진 미덕 중 하나다.

글 | 신상조(문학평론가)

임서윤

| 시 |

문 앞에서
호두나무 송가
그녀 이름은 허풍선
욕망의 장례
십이월

| 해설 |

우리는 무슨 욕망을 진 채 두 어깨가
이다지도 무거운가?—신상조

약력 ~

계간 ≪문장≫ 등단 •
대구문인협회, 대구시인협회, 죽순문학회 회원 •
<형상시학회> 회원 •

문 앞에서

잃어버린 청춘 때문인가
문 앞에서 겨울비가 떨고 있다
스스로 주저앉지 못하는 마른 꽃대를
휘휘 저어 놓은 바람
더는 일어서지 못하게
겨울비가 무릎까지 주저앉혔다
올올이 묶인 사랑의 맹세들로
문 앞은 어지러워졌다
낯익은 구두도 문 앞에서 멈추었다
문 안에 문, 또 문
문을 만난 당신은 문의 표정도 살피지 않고
눈으로 겹겹의 문을 두드린다
풀썩 주저앉아 삭아가는 꽃대의 품에서
봄이 되어서야 열릴 문
부러진 나뭇가지들은
안락한 처소를 버리고 하늘로만 치솟고
몸보다 긴 더듬이로 우리는 문을 찾기 위해
얼마나 참았던 숨 몰아쉬었던가
손잡이는 언제나 문 안쪽에 있었던 것

덜컹거리며 문을 두드리던 꽃들은
추위에 떨다 말라갔다
손잡이 안쪽 우주에 살고 있는 당신은
내게 문을 열어주지 않았다
언제나 나는 나목의 거리로 내던져진 첫눈
아직도 가난한 별이 되어
등불 따뜻한 당신의 창문을 기웃거린다

호두나무 송가

귀는 알고 있다
흐름결 섬세하게 기억해서
시작音과 끝音은 같은 곡조란 걸

봉황의 볏을 본 사람 오른손 들어 보세요
볏을 보았다는 사람을 본 사람은 왼손
아무것도 못 본 사람은 두 손 들어 보세요

링거액이 역류할 때도 울먹이지 않던 내가
한참이나 두 손을 들었다
두 무릎도 접었다

편평해진 그루터기에 주저앉은 엄마
버텨내지 못한 하루가 미안해서
너무 미안해서
관절 마디마디 느려지는 선율
종일 자그락거린다

연신 오르내리던 길인데

새롭게 들어선 길이 아닌데
청설모같이 까만 내 눈망울은
난생처음인 것처럼 두리번두리번

오른손 왼손 양손
끝나지 않은 노래는
어제 잘린 아버지의 나무가 되어
귀 낡을 때까지 들어 올린 어린 팔
오늘 파란 잎을 내민다

그녀 이름은 허풍선

물컹한 골목에서
바람기 없는 여자가 흔들려요

절망의 늪에 절망이 빠질지도 몰라요
허락 없이 담을 넘어온 라일락
어깨가 가볍다고 다 날지는 못해요

닿을 듯 멀어지는 지평선 노을 따라
잡히지 않는 가벼움에 놀라
몇 번의 포물선 그려볼 뿐
꽃잎도 여자도 착지점을 놓쳐버렸나 봐요

아비 잃은 아홉 살 풀꽃반지가 그랬어요
스물아홉 살 딱분 냄새도 그랬어요

고스란히 꽃바람 불어넣어 부풀린 가슴
집요한 다이어트마저 끊어버리고 나면
바늘구멍 같은 돌 틈으로 세상이 보일까요
콧바람에도 쉽사리 출렁이며 골목은 흘러가네요

지나간 시간을 팽팽하게 끌어당겨
또각또각 요란하던 하이힐 소리 어디론가 떠나가요
새벽 네 시 삼십 분 골목길을 걸어가는
쓰린 위장 여자의 발소리
오늘은 왠지 둔탁해요

욕망의 장례

얼떨결에 내려놓은 어깨 무거웠을수록 가벼웠겠다

애리조나 사막 한가운데 비행기 무덤이 있다는데
비행기들 마지막 숨 몰아쉬러 모여든다는데
저 거대한 퇴역기명은 전직 대통령 전용기
이름 있는 하늘만 거침없이 날았다는데
꺾인 날개 틈새에 오늘도 꿀개미는 종종걸음
길게 늘어선 해시계선인장들
울음인 듯 웃음인 듯 장송곡 간간이 울린다는데
아주 가끔은 수선된 날개 날아올랐다는 전설이 있다는데
쉽게 부식되지 않는 특수강 기체
하얀 덧칠 사화장으로 이글거리는 태양쯤은 밀어냈지만
회생 정비공의 손길에 관자놀이 바르르 떨린다는데
건조하게 울부짖는 새벽이
모래언덕에 묻어둔 면류관에 내린다는데

손톱깎이, 낡은 시집, 반질거리는 호두 두 알
간추리고 간추려도 끈질기게 따라온 부장품들 각기 흩어
졌다는데

십이월

혼자 이글거리던 웃음이
세상을 차분하게 가라앉혀놓고
돌아서며 빈 어깨를 보였다

메모지 여백을
촘촘하게 색으로 채워서
등불의 심지가 무거워졌다

네 맑은 눈 떠올리는 순간
마음속엔 벌써 무채색 꽃들 만발한데
마른 잎에 가두어 둔
시퍼런 침묵이 버석거린다

망각의 바지랑대에 걸린 회색 하늘
닳은 뒤꿈치가 휘청거린다

우리는 무슨 욕망을 진 채 두 어깨가 이다지도 무거운가?

■

구스타프 야누흐가 카프카와 나눈 대화를 기록한 책에서 카프카는 이렇게 말한다. "인생은 우리 머리 위에 있는 별의 심연처럼 엄청나게 위대하고 오묘해요. 인간은 자신의 개인적인 실존이라는 작은 구멍을 통해서만 인생을 들여다볼 수 있어요. 그러면 그때 인간은 보는 것보다 더 많은 것을 느끼죠. 그 때문에 그 구멍을 무엇보다도 깨끗하게 유지해야 해요."라고 말이다. 임서윤의 시 「그녀 이름은 허풍선」에도 이와 비슷한 맥락으로 해석할 수 있는 구절이 나온다. "집요한 다이어트마저 끊어버리고 나면/ 바늘구멍 같은 돌 틈으로 세상이 보일까요" 아마 시에서의 '바늘구멍 같은 돌 틈'이 카프카가 말한 '실존이라는 작은 구멍'이 아닐까 싶다.

임서윤의 시에는 '어깨'가 자주 등장한다. "허락 없이 담을 넘어 온 라일락/ 어깨가 가볍다고 다 날지는 못해요"(「그녀 이름은 허풍선」)라고 할 때의 '어깨'가 그것이다. 이 시에서의 '어깨'가 라일락의 개화가 보여주는 무구한 생명력을 함의한다면, 다음 시에서의 '어깨'는 욕망의 어두운 무게를 함의한다.

"얼떨결에 내려놓은 어깨 무거웠을수록 가벼웠겠다// 애리조나 사막 한 가운데 비행기 무덤이 있다는데/ 비행기들 마지막 숨 몰아쉬러 모여든다는데"(「욕망의 장례」 부분)

전직 대통령을 싣고 날던 비행기도, 쉽게 부식되지 않는 특수강 기체를 한 비행기도 이제는 꿀개미가 종종걸음을 하는 주검으로 누워있다. "길게 늘어선 해시계선인장들/ 울음"을 장송곡 삼아 한때의 찬란했던 과거를 '면류관처럼 모래언덕에 묻은' 이 비행기들은 우리네 욕망의 은유다. "손톱깎이, 낡은 시집, 반질거리는 호두 두 알"은 "간추리고 간추려도 끈질기게 따라온 부장품들"이라기보다 '고작' 그것만으로 충분하다는 시인의 지혜로운 전언 같다. '손톱깎이, 낡은 시집, 반질거리는 호두 두 알'이면 그만인 인생인데, 우리는 무슨 욕망을 진 채 두 어깨가 이다지도 무거운가?

글 | 신상조(문학평론가)

전기웅

| 시 |

| 해설 |

약력

서정문학 이달의 시인상, 오월의 시인상 수상 •
<서정문학> 운영위원 •
현 YTN 방송 시 부문 심사위원 •
시집 『촛대바위』 •

열목어

화강암 부둥켜안은 강물은 얕았다
높이의 편견을 허물고 구릉지에 내려온 하늘
티 없이 맑다
떠받드는 두 손
어떤 기대로도 되돌아올 수 없는 시공을
폐쇄된 아양 철교가 가로지른다
기차의 경적 소리가 들리고
투명한 시선 속으로 쏜살같이 몸을 숨기는
열목어 눈은 동그랗다
천년의 맥박을 삼킨 강물은
속이 깊다
그때나 지금이나 변함없이 굽이져 흐르고
가라앉아 떠밀리는 단풍잎은
한없이 유순해지고 겸손해진다

열목어에게 강이 가르치는 것은
흐름의 절제다
침묵이다
천천히 가는 법을 배우라 한다

안면도에서

바위가 섬이 되고
섬이 바위가 되는
섬과 섬 사이를 이어주는 물바늘이
노을이다

절개지에서 몸을 일으켜 세운
나무의 눈빛이 벌겋게 물들어
수직으로 피우는 꽃

수평으로 물들어가는 바다를 바라보다
심해의 기억을 휘감고 달려온 파도가
신의 유두처럼 붉다는 걸 알았다

바람의 끈 자락을 놓친 채 잃는 넋
한순간도 지체할 수 없어
거친 숨 몰아쉰 우리네 가슴도
가만히 들춰 저렇게 꿰어낼 수 있다면

밀물과 썰물이 공존하는 노을 앞에서
조간대에 걸린 부력에
지친 나의 바다를 올려 두겠다

바다와 하늘의 접경을
가볍게 뛰어오른 섬
그 섬의 꼭대기에 서서
나 천천히 굳어가겠다

불륜

거침없이 길을 달려와
백사장에 이르러서
허우적거리는 한 편의 절명시 같은
파도를 본다

사랑이라는 핑계로
넘지 말아야 할 선을 넘고
혹독한 대가를 치르고 있는 것인가
저 파도

꿈에 별밤을 보듯
누군가에게 설레어 본 적이 있는
어쩌면 구체적인 사랑 앞에 미쳐 날뛰는 파도를
몸 넓히고 치마폭 벌려 감싸는 모래톱

가여워서가 아니라, 그의 본성일지도 모를

어지럽게 흩어졌다 모이는 새 떼의 허공
발자국으로도 지울 수 없는 구름도
발을 덮는 모래의 무게로 가닿을 수 없기에
더욱 그리운

너와 나 경계의 그늘

주상절리

유리의 평면을 뚫어지게 바라보자
균열이 일어나더니 금이 갔다
싸늘하게 바라보는 시선에 시퍼렇게 질린 단면
온 몸을 일으켜 벽을 만들더니
모서리마다 날카로운 각을 세웠다

냉각으로 수축된 검붉은 육모꼴 돌기둥
상처마다 옹이를 드러내는 소나무를 들어 올려
바람막 하나 없이 절벽이 되어 서 있다

목마른 바람이 파도를 몰고 와 가슴을 도려낸 자리마다
파문을 일으켜도 요지부동 묵언 정진

가지 끝에 꽃눈을 키우던 노란 산수유가
꽃망울을 터트리는 봄날 아니면
누구 하나 찾는 이 없는 망망대해 홀로 남아
분출된 용암을 층층이 쌓아놓고
막막한 눈빛으로 침묵하는 주상절리

할 말은 많아도
노을의 붉은 치마끈 하나 붙잡고
눈망울에 성애꽃 가득 피우는 무아無我

자작나무

쓰디쓴 수액이 목젖까지 차오르는 날
앙상한 나뭇가지에 날 선 바람이 한 획 긋고 지나간다

툭툭 부딪쳐 꺾이거나 베인 자리마다
무게로 잴 수 없을 만큼 무거운 침묵
차가운 땅속에 영혼을 묻은 흰 몸의 우듬지
고독한 별무리들은 안으로만 쌓여졌다

한 시절을 힘겹게 견뎌낸 그대
구멍 난 하얀 속살을 밤새 들여다보다
상고대에 하얗게 샌 나의 머리를 눕혀보는 나뭇결
비로소 사랑은 춥다는 것을 알았다

결국 혼자 수직 상승하는 꿈이 아니라
품에 보듬고 서로 수평으로 흘러가야 한다는 것
긴 동면을 함께한 시간 속에서
천애의 외로운 뼈를 우리는 자작나무 아래 파묻어야 하리

오래 들이켠 숨 더는 참을 수 없을 때
단번에 내뱉는 휘파람에 하현달의 허공이 파르르 떤다

풍경 속에 굳어진 자아의 본질적 은유

■

풍경은 거기서 다시 발견하고 되새길 무언가를 자아가 주목할 때 특별해진다. 전기웅의 시에서 '섬'이 특별해지는 이유다.

「안면도」에서 시인은 섬에 갔으나 섬을 구경하지 않는다. 시인은 다만 섬과 대면한다.

그만의 방식으로 섬과 대면하기 위해 시인이 허락한 방법은 "심해의 기억을 휘감고 달려온 파도"와 당당히 맞서는 일, "바람의 끈 자락을 놓친 채 잃는 넋"을 "거친 숨" 몰아쉬면서 세차게 거머쥐는 일이다. 그러므로 「안면도」에서 자연과 인간의 관계는 결코 조화롭지 않다. "밀물과 썰물이 공존하는 노을 앞에서/ 조간대에 걸린 부력에/ 지친 나의 바다를 올려 두겠다// 바다와 하늘의 접경을 가볍게 뛰어오른 섬/ 그 섬의 꼭대기에 서서/ 나 천천히 굳어가겠다"는 노래는 자신을 어설픈 풍경 구경꾼으로 전락시키지 않겠다는 화자의 호기로움이다. 이 호기로움이 풍경 속에 굳어진 자아의 본질적 은유이다.

전기웅 시의 정서는 "일으킨다"라는 서술어로 대변되는 역동성과 "날카로운 각"(「주상절리」)이 환기하는 선명함이 주조를 이룬다. 이러한 남성적 어조의 굵고 단호함을 사뿐히 떠받치는 힘은 사물과 이미지를 절묘하게 엮어 내는 서정성이다. "섬과 섬 사이를 이어주는 물바늘이/ 노을"이라거나, "절개지에서 몸을 일으켜 세운 나무의 눈빛이/ 벌겋게 물들어 수직으로 피우는 꽃"(「안면도에서」)과 같은 표현은 시인의 내공이 만만치 않음을 보여준다. "절제다. 침묵이다 // 천천히 가는 법을 배우라 한다"(「열목어」)고 시인은 성찰하지만, "거침없이 길을 달려와/ 백사장에 이르러서 허우적거리는/ 한 편의 절명시"야말로 전기웅 시의 진정한 "본성"(「불륜」)일는지 모른다.

글 | 신상조(문학평론가)

정나라

| 시 |

터널의 방식

위로

연의 계절

변신

파쇄기

| 해설 |

당당한 거부도 삶을 긍정적으로 수용하는
하나의 모습—신상조

약력

본명: 정순오 •

≪대구문학≫ 등단 •

대구문인협회, 한국아동문학, 혜암아동문학 회원 •

시집 『이만큼 왔으니 쉬었다 가자』 •

터널의 방식

일정한 속도로 돌아가는 기계음
드르륵 드르륵
새벽을 향해 걸어간다
가끔은 신음하듯
가끔은 숨이 멎을 듯
조용함마저 두려워질 때
복부 팽만감의 새벽은
강한 통증과 구역질이 찾아온다

곧 터질 듯 팽팽해지는 소장
가만있던 맹장도 비대해지고
가득 찬 가스가 폭발 직전
비위관은 코를 통해 위胃에 든다

어둠을 당겨내는 작금의 새벽은
긴 대롱을 통한 응급 시술 중

몸 안의 오물을 밀어내는

위로

뇌출혈로 쓰러진 뒤
재활운동으로
지내고 있는 사람에게
"넌 맛이 갔어."
"하지만 걱정 마, 아주 맛이 간 건 아니니까."

포옹만큼이나
이 말,
큰 위안이고 힘이 될 줄이야

치매병원에 있는 여인이나
기르던 애완견을 먼저 보낸 여인에게
위안이 될 남편의 말은 무엇일까

내일 또 볼 수 있을까?
오늘 같은 내일

연의 계절

푸른 막을 친 호수가
관광버스에서 다급하게 내린
중년 여인의 방광처럼
뜨거워졌다

언제 터질지 모르는
욕설 같은
분홍빛 탄환

변신

의지와 상관없이
수시로 벌렁거리는 심장
두근반세근반
갱년기 호르몬 불균형

이럴 땐 씹을수록 쓴맛, 골다공증 환약과
쌍봉 낙타등 같은 산길 오르는 게 직방
그래도 나아지지 않으면
붉으락푸르락 거리던 얼굴에
토닥토닥 발라주는 파운데이션이 직방

다리의 무게는 천근만근이어도
오늘의 치마는 프리해야 해
심플해야 해

파쇄기

수없이 주고받는 소셜 미디어
내 코앞에 익명의 택배상자 등장한다

각종 고지서며 범칙금 딱지도 날아든다

우편물 겉봉에 쓰인 선명한 이름과 주소
그걸 그냥 버린다는 건
나를 속속들이 내보이는 일 같아
어딘가로 내 이름이 누더기 된 채 돌아다닐 것 같아
잘디잘게 찢기로 한다

차마 내가 나를 버릴 수 없을 때
덩어리인 나를 부숴주는 파쇄기

근심, 걱정, 눈물, 혼돈이 어떻게 하면 사라지는지
어제의 실수가 어떻게 잊혀가는지

단순해지라고 조금씩 알려주는

당당한 거부도 삶을 긍정적으로 수용하는 하나의 모습

■

김창흡의 「낙치설落齒說」은 이가 빠진 경험을 통해 자신의 깨달음을 이야기하는 우리의 고전 작품이다. 어릴 때부터 책 읽기를 좋아했던 작가는 나이가 들어 만년의 세월을 글을 낭독하는 것으로 보내려 한다. 그런데 아뿔싸, 나이가 든 탓에 이가 빠져버려서 "벌어진 입 사이로 흘러나오는 소리가 마치 깨진 종소리 같아, 바르고 느린 마디가 분명하지 않고 맑고 흐린 소리가 구분되지 않으며, 소리의 높낮이도 분간할 수 없"게 되어 버린다. 해서 작가는 이렇게 다짐한다. "옛날 성인들의 예법에 사람이 예순 살이 되면 지팡이를 짚고 다니며, 군대의 일에 종사하지 않으며, 새삼스레 학문과 친하지 말아야 한다고 하였다. … 조용히 들어앉아서 만년을 맞이해야겠다. 빠진 이가 나의 어리석은 마음을 깨닫게 해 준 것이다."

이가 빠진 것을 계기로 지난 삶에 대한 성찰과 새로운 삶의 자세를 다지는 옛 성현의 글을 읽노라면, 육체의 노화를 어떻게든 막아보겠다고 기를 쓰는 현대인들의 노력이 얼마나 구차한지를 새삼 깨닫게 된다. 하지만 "관광버스에서 다급하게 내린/ 중년 여인의 방광"이 "언제 터질지 모르는/ 욕설 같은/ 분홍빛 탄환"(「연의 계절」) 같다는 표현 앞에서는 이야기가 사뭇 달라진다. 염치불고 체면을 차릴 수 없는 중년의 '방광'은 이토록 뜨겁고 적나라하다. 이 비속하리만치 솔직한 육체 어디에 인생의 의미와 자세를 새롭게 하려는 체면 따위가 끼어들 수 있을까.

"갱년기 호르몬 불균형"을 다스리는 "골다공증 환약"을 먹고서 화장한 얼굴로 거울 앞에 서서 "오늘의 치마는 프리해야 해/ 심플해야 해"(「변신」)라고 자신의 삶에 주문을 거는 화자 역시 마찬가지다. 정나라의 화자는 나이에 맞지 않게 생활하는 자신을 반성하고 안정된 정신과 성품을 가지라고 충고하지 않는다. "차마 내가 나를 버릴 수 없을 때/ 덩어리인 나를 부숴주는 파쇄기"(「파쇄기」)에 차라리 자신을 넣고 갈아버리라고 조언한다. 당당한 거부도 삶을 긍정적으로 수용하는 하나의 모습임을 역설하고 있는 것이다.

글 | 신상조(문학평론가)

정양자

| 시 |

길고양이 집
긍정을 삼키다
뻔뻔한 바캉스
겨울호수
마디지 않네

| 해설 |

헛된 삶을 거부하기 위한 '절망 연습' — 신상조

약력 ~

부산 출생 •
시니어매일 기자 •
서울디지털대학 문예창작학과 졸업 •

길고양이 집

훔쳐갈 것도 보태줄 것도 없는
빈집 방에 들겠다고
감나무를 지나
이웃집 담벼락을 건너
날렵한 걸음으로 먼지 낀 창문을 밀치는 비

불어대는 난풍의 갈피에
더러는 미끄러지고 더러는 매달리다 지쳐
버릴 거 다 버리고
여기까지 왔다는 봄비

식구들 뿔뿔이 다 떠나고 없는 빈집에 와서
기다림을 동여맨 혼절한 육신이
식어버린 구들장을 적신다

타올랐으니 달아올랐던 연인들이
토닥거리며 지나갈 때
빈집 울타리 과수나무들
발톱으로 긁어 터트리는 부스럼

궁정을 삼키다

이끼 낀 폐가 달그락거린다

주렁주렁 링거 줄 매단 후
알약 한 주먹에 잠시 후 두 알 더
밥 한 술 겨우 뜨는 쟁반
침샘에 버틴 암덩이 긴 시간 훑어 낸
건너편 아낙 밤새 흐느끼고
옆 침내에 누운 할멈
밤새 난리법석 숨소리

희멀건 낮빛들 장승처럼 세워두고
물살에 통곡하며 오가는 바다
가슴 골짜기에 붙은 이끼 씻어 가라는
내 애원 퍼붓는 소나기에 닿았다

내려줄 동아줄은
먼 산에 걸린 먹장구름이면 좋겠다고
난 아직 날개옷이 준비되지 않은 천사라고
알약 한 줌 움켜쥐고
아무렇지도 않게 꿀꺽 삼킨다

뻔뻔한 바캉스

연일 찜통더위에
도시는 휴가 중이다

잠시 숨 고르기를 위해
그늘에 숨은 명상가

타오르는 열기에
인적 드문 골목길

차 밑 그늘 속
오수 위 낭만자객

두려움 잊은 고양이가
한낮 도시에서 즐기는
뻔뻔한 여유

겨울호수

밤하늘 달빛 속에 머무는 그림자를 당겨
하늘에서 땅으로 동아줄 내리고 싶다

물 위에 찰랑이는 내 그림자까지
달빛 다리를 놓고 싶다

수양버들 아래 둥둥 떠 있는 얼음구들장
헛디디면 발이 빠질까 애타게 찾던 길

가을을 건너온 나뭇잎도 조심조심
몸 놓일 안식처를 찾아가는 겨울호수

반죽 같은 달빛 밀어
미소를 잃은 너의 입속에 넣어주고 싶다

너와 나 그림자를 썬 국수를
배불리 먹고 난 뒤에야
우리는 동아줄 타고
달 속에 잠자러 갈 수 있을 테니

마디지 않네

어제 지난 입춘이 동지를 부르네

하루를 헐어 놓아도 눈 깜빡할 사이
월요일인가 하면 어제 같은 토요일
한 달도 쓴 데 없이 사라지고
숨 한 번 제대로 쉰 적 없는데 후딱 달아나네
구멍이 난 주머니 꿰차고
돈 쓰는 재미는 쏠쏠하다만
통째로 흔적 없이 사라지는 세월로드네
헐어 놓으면 써보지도 못하고 사라진 돈처럼
잡을 수도 없고
붙들어둘 수도 없는
이길 장사 없다는 세월 앞에서
아뿔사 이럴 줄 몰랐네
너무 멀리 와버렸구나

보폭이나마 줄이려나, 책장을 펼친다

헛된 삶을 거부하기 위한 '절망 연습'

■

여기 "훔쳐갈 것도 보태줄 것도 없는/ 빈집"이 있다. 그러나 빈집이라고 손님이 아주 끊어진 건 아니다. "이웃집 담벼락을 건너/ 날렵한 걸음으로 먼지 낀 창문을 밀치는 비"가 지나가는 나그네처럼 빈집을 들여다보기도 하고, 한껏 달아오른 "연인들"이 오래전 "식어버린 구들장을"을 뜨겁게 달궈놓고 가기도 한다. 그런데 이 부분에서 지나친 상상은 금물이다. 사람이 아니라고 에로틱하지 않을 이유는 없겠으나, 「길고양이 집」에 등장하는 이 거리의 연인들은 초대받지 않은 길고양이 한 쌍이다.

정양자의 시에서 "식구들이 뿔뿔이 다 떠나고 없는 빈집"은 자식을 객지로 떠나보낸 황혼기의 인생을 은유한다. 시인의 시에 노년기의 삶은 반복적으로 다루어지는 소재다. 병든 폐를 "이끼 낀 폐"라고 묘사하는 「긍정을 삼키다」의 배경은 노인 환자들이 입원하고 있는 병실이다. "주렁주렁 링거 줄을 매단" 채 사투를 벌이고 있는 암 환자 곁에서 한 "할멈"은 육신의 고통으로 "밤새 난리법석"을 피우고, 같이 입

원한 처지인 시적 주체는 "난 아직 날개옷이 준비되지 않은 천사라고/ 알약 한줌 움켜쥐고/ 아무렇지도 않게 꿀꺽 삼키"고 있다. 이렇듯 시인이 부려놓는 시의 핵심에는 절망적 현실을 경험하는 '나', 구체적인 현실을 체현하는 '나'가 존재한다. 시적 주체는 노년에 허락되지 않는 삶의 기운, 혹은 생명력에 절망하면서도 한편으로는 살아야겠다고 다짐한다. 현실적 고통과 그로 인한 현실에 대한 비극적 인식과 이를 극복하려는 주체의 의지는 정양자 시의 시작(詩作)을 이루는 중요한 원리이자 근원이다.

"써보지도 못하고 사라진 돈처럼/ 잡을 수도 없고/ 붙들어둘 수도 없는/ 이길 장사 없다는 세월 앞에서" 시인은 "너무 멀리 와버렸구나"(「마디지 않네」)하고 독백한다. 그럼에도 시인의 우울한 독백은 헛된 삶을 거부하기 위한 '절망 연습'에 다름 아니다. 어제 입춘을 지난 것 같은데 어느새 '동지'가 코앞인 급하고 빠른 세월도, 그 세월의 보폭을 줄이려 "나, 책장을 펼친다"는 주체의 의지 앞에서는 위세가 완전히 꺾이고 말기 때문이다.

글 | 신상조(문학평론가)

정유진

| 시 |

| 해설 |

약력 ~
대구 출생 •
<형상시학회> 회원 •

마지막 방관

방충망에 걸린 모기의 그림자가 차갑다

밖에서 안으로, 안에서 밖으로
자유롭지 못해 반쯤 찢긴 날개가 후들거린다

팔다리에 힘이 풀려
망토자락 더 이상 붙잡지 못하고
그만 뛰어내릴까 했으나
어설픈 착지를 두려워했다

오염된 피를 들이마시다가
탱탱한 방광을 제 발로 걷어차는 모기

얼룩진 네 빨간 배뇨에서
씁쓸한 내 살냄새가 나는 건 뭘까

내려다보는 난간 아래는 상추밭
둘둘 말아 쥔 신문 뭉치로 다가가는데
언제 오늘의 조간 기사를 읽었는지
모기는 계속 딸꾹질이다

냅다 너를 때려잡으려다
오늘은 그냥 둔다

전수받다

새도 아닌 내가, 하늘을 날고 있다

중력의 힘에 갇혀있던 나는
이까짓 것 다 벗어나야겠다고
나도 한번 날아보겠다고
어느 별 쉴 곳 찾아 우주선을 탄다

황새 따라가려는 뱁새도 아닌
나의 무모한 날갯짓에
가장 높이 난다는 새 알바트로스는 가르쳐준다

바람의 힘을 믿고 절벽에서 뛰어내리는 거야
아주 멀리 가장 높게 날 수 있거든

나는 그의 어깨 위에 얹혀
홍건해지는 폭풍의 눈물샘 닮아간다

빗물일까, 울컥해서 흐르는 눈물일까
너를 향한 이 길, 내 가슴의 통로는
번뜩이던 땅 위의 새를
하늘 구멍으로 떠나보낸다

자전거, 꽃밭에 들다

모래주머니 뒷 안장에
어두운 얼굴 나를 앉혀둔다

거친 땅 밀고 달려가야 하는 두 바퀴는
페달 밟아줄 이 없다며 투덜대지만

부서진 몸 뼛가루 되어 흩날릴 때까지
쉼 없이 맞물려야 할
이 고단함은 어디서 오는 것인가

바람을 이겨내고 거느리는 데 익숙한
길 가장자리 저 나무들
펄럭이며 부대끼는 몸은 거룩하다

허공을 빛내는 초록 깃발들
바람과 입맞추듯 너를 안고 나는 달린다

입술의 핏기 사라질 때까지
흥얼거리는 콧노래에서
낡은 자전거는 꽃송이를 부둥켜안아
심하게 요동친다

킹콩의 관심

신맛의 그녀가 다리를 꼬고 앉은 거야

쿵쾅거리는 가슴 조이며
칵테일 잔에 꽂아보는 레몬 조각
주르르 흐르는 즙은 당돌하다

내 혀끝마저 싸하게 뜀박질시킨다

꼰 다리 사이 비스듬히 흘러내린 스커트에
쏠리는 내 집착의 시야
pH2까지 끌어올리고서야 그녀는
자신이 오리지널인 듯 당당해진다

나, 어깨 살짝 비틀게요

잔을 깨물면 신맛으로 나를 일깨우는 레몬
입술에 뒤질세라 말초신경 곤두선다

가슴속 킹콩이 쿵쾅거린다

축하전보

땅에 꽂히려고 빗줄기는
공중 곡예의 향연이다

잠든 하늘을 꿰뚫고 들이마시려는
새벽 물꽃들 다소곳이
꽃필 여자의 때를 예감한다

잠결 속에서 번져오는 번개를 만난
소녀의 젖가슴은 이제 막 피어나서
둥글게 번지는 물꽃

휘몰아치던 태풍의 눈
네가 딛고 선 이 땅까지 닿아
소나기의 손바닥 되어
기다리다 든 네 잠을 들춰본다

초경에 놀라 깬 물꽃은
소나기 너를 맞이하려고
그토록 견딘 거다
땅은 뜨거움을

기발한 우주적 상상력, 예민한 감각

■

이규보의 『백운소설』에는 정지상의 귀신에게 뺨을 맞은 김부식의 이야기가 나온다. 당대의 천재 시인 정지상은 김부식에게 역적으로 몰려 처형을 당했다. 원통하게 죽은 정지상은 귀신이 되어, 하루는 뒷간에 앉아 일을 보던 김부식의 뺨을 대뜸 후려갈긴다. 김부식의 한시 중 "버드나무 천 가지로 푸르고/ 복사꽃은 만발하여 피었다."를 문제 삼은 거였다. "버드나무 가지가 천 개라니, 네가 세어나 봤느냐? 왜 이렇게 시를 못 짓느냐?" 하면서 귀신 정지상은 김부식의 시를 이렇게 고쳐 지어 읊었다. "버드나무 가지 줄줄이 푸르고 / 복사꽃 점점이 붉다." 단지 '千'이라는 한 글자를 '絲'으로 고쳤을 뿐인데 김부식이 지은 시보다 훨씬 멋진 표현이 탄생한 것이다.

그러나 버드나무 가지를 네가 세어나 봤느냐는 정지상의 질문은 문장 표현을 놓고 봤을 때는 그럴듯하지만, 시적 상상력의 차원에서는 다소 편협한 점이 없지 않다. 줄줄이 푸른 버드나무 가지를 '천 가지'로, 점점이 붉은 복사꽃을 '만 가지'로 구체화할 수 있는 것이 시적 상상력이기도 하기 때문이다.

정유진의 시를 시적 상상력이라는 차원에서 들여다보고자 한다. 그의 시는 기발한 상상력이 돋보인다. "새도 아닌 내가, 하늘을 날고 있다// 중력의 힘에 갇혀있던 나는/ 이까짓 것 다 벗어나야겠다고/ 나도 한번 날아보겠다고/ 어느 별 쉴 곳 찾아 우주선을 탄다"(「전수받다」)라고 고백한다. "알바트로스"에게 전수받았다고는 해도, 가히 우주적 상상력이다.

시인의 상상력은 감각에도 영향을 미친다. 예컨대 「마지막 방관」의 화자는 방충망에 걸린 모기의 그림자가 차갑다고 느낄 만큼 예민한 감각을 자랑한다. 모기에 대한 그의 관찰은 약간의 과장을 넘어 허풍스럽다 싶을 정도다. "밖에서 안으로, 안에서 밖으로/ 자유롭지 못해 반쯤 찢긴 날개가 후들거린다"거나, "얼룩진 네 빨간 배뇨에서/ 씁쓸한 내 살 냄새가 나는 건 뭘까"라는 대목은 상식적으로 이해하기 힘든 부분이다. 현미경으로 모기를 관찰하지 않고서야 찢긴 날개를 알아보기도 불가능하거니와, 모기의 배뇨에서 화자 자신의 살 냄새를 맡는다는 건 그야말로 터무니없는 소리다. 그러니 "냅다 너를 때려잡으려다/ 오늘은 그냥 둔다"고 중얼거리는 모기에 대한 화자의 연민을 우리는 이해할 필요가 있다. 지극히 사소한 존재조차 연민으로 대하는 정서가 이러한 상상력을 낳는다. 우리는 이를 일컬어 '투사'라는 시적 용어를 사용한다.

글 | 신상조(문학평론가)

조영희

| 시 |

| 해설 |

약력 ~
경북 영양 출생 •
대구문인협회 회원 •

장마 그 이후

커다란 트럭이 줄지어 달려서 온다
길섶을 여민 풀씨들
긴장의 수위가 높아졌다

갑자기 불어난 개울물을 비켜서다
빨려들어 허우적거린 손짓
기진맥진한 나를 눕혀놓고도
농사일이 먼저였던 나의 부모님들은
하늘나라에서 구름 텃밭을 가꾸실까

인삼밭 쓸려간 자리에
다시 당겨 덮는 풀빛이불
마을 지키던 느티나무 뽑혀나간 자리에
피고 지는 버섯들

십 년 세월에 몇 번인가 지나
나를 숨겨주지 못한 휘파람새가
트라우마를 몰고 날아오는 아침
길도 물도 어지러웠다

어디나 상족암

신발 밑창에 그려진 발자국
물기 섞인 모랫길에 선명하게 남는다
금방 메워지는 자국
터벅터벅 걸어보는 해안가
처음이라 두근거리는 바닷길
햇살은 뜨거워졌다가도
금세 사그라지는 마법의 길
백악기에서 돌아온 공룡이
내 발과 사이즈 맞출 때
흘러도 지워지지 않는 시간의 형상이
나를 꼭 닮아 신기하다
오래된 퇴적층일수록 더 깊어지는 믿음일 때
마음을 뺏기고 돌아온 오늘이
천 년 뒤에도 외롭거나 쓸쓸하지 않도록
밝아오는 하루의 첫걸음을
발바닥 힘주어 꾹 눌러보는 것이다

브로마이드

웃는 모습도 불안해 보일 때가 있다
건물 외벽에 붙은 사진 속 여자
걸친 붉은 원피스
저 높은 곳까지 올려다 놓은 사람들
언제까지 지킬 수 있을까
올라갈 때 걸리는 시간보다
내려올 땐 더 짧은 시간이 될 거야
고개 들어야 보이는 크기
목 좋은 그 자리가 웃어도 좋을
너의 자리를 탐하고 있다
불어온 바람을 조심해
허망한 마지막 순간은 보고 싶지 않아도
붙어 있는 동안은 다치지 않게
너의 자리 아닌 그 자리 잘 지켜봐

해서는 안 되는 놀이

청개구리 놀이해 볼까
낮에는 잠을 자고
밤에는 눈을 더 크게 뜨는 거야

눈알에 주름이 생길 거야
먹색 칠한 천장과 숫자놀이판
안으로 굴러들어온 밖과
너와 내가 함께 캄캄해지는 놀이

뻑뻑한 눈동자에 소금자루 올려놓아도 돼
눈꺼풀은 가볍게 내리깔릴 거야
새벽닭은 우는 거니까

나를 포기한 사랑노래는
절절히 가슴 찢어 놓는 곡선
산등성처럼 혼자 중얼거리는 거야

놀이는 노래로 끝내야 해
나이가 나이를 먹으면 안 되는 거야
주름진 얼굴을 무슨 얼굴로 책임지겠어

곽티슈

보성차밭을 팔팔 끓인 주전자 입김이 거닐고 있어요
얼마 동안 정성을 끓여내면
환해질 향기 머금을 수 있죠?
입안에서 온 푸른빛은 버릴 것 없는 따뜻함
누군가의 눈빛에 나비가 되어주려고
냉방 감옥 이불 속에서 덜덜 떨었던 거죠
닦아줄 콧물은 미전향 장기수의 사상 속에서
네모의 상자를 버린 지 오래죠
폴락폴락 날아갈 꿈을 오래 가두면
끓는 보성의 차밭 위로
둥둥 이유 없이 떠가는 구름조각이 보여요

끊임없는 탐구의 과정이 시작詩作의 과정

■

조영희 시의 특장은 자연스러운 운율에 있다. "인삼밭 쓸려간 자리에/ 다시 당겨 덮는 풀빛이불/ 마을 지키던 느티나무 뽑혀나간 자리에/ 피고 지는 버섯들// 숨겨주지 못한 휘파람새가/ 트라우마를 몰고 와서/ 9월의 물가는 어지러웠다"(「장마 그 이후」)라고 시인이 노래할 때, 우리는 본래 빼어난 시의 본령이 노래이기도 했음을 기억해낸다. 그리고 아름다운 시들은 대개 슬픔을 노래한다.

편안한 호흡을 자랑하는 조영희의 시는 어휘의 선택이나 조탁보다는 무욕하고 진실한 삶, 시적 자아가 동경하는 삶의 모습을 형상화하려는 노력을 보여준다. 고차적이고 수사적인 언어의 운용을 넘어, 시의 시다움은 과연 어디에서부터 찾아야 옳은가. 조영희의 시는 바로 이 같은 문제에 대한 질문이거나, 끊임없는 탐구의 과정이 시작詩作의 과정인 셈이다. 이는 시를 통해 인생을 완성하고자 하는 태도로 여겨지는데, "마음을 뺏기고 돌아온 오늘이/ 천 년 뒤에도 외롭거나 쓸쓸하지 않도록/ 밝아오는 하루의 첫걸음을/ 발바닥 힘주어 꾹 눌러보는 것이다"(「어디나 상족암」)라는 다짐, 혹은 "놀이는 노래로 끝내야 해/ 나이가 나이를 먹으면 안 되는 거야/ 주름진 얼굴을 무슨 얼굴로 책임지겠어"(「해서는 안 되는 놀이」)라는 설의적 형식으로 드러난다. 하지만 '노래'로 끝내야 할 '놀이'가 "나를 포기한 사랑노래"라는 데 문제가 있다. 사랑의 힘이 강력해서가 아니라, 사랑 앞에서 우리는 언제나 무력하기 때문이다.

"건물 외벽에 붙은 사진 속 여자"를 보며 "올라갈 때 걸리는 시간보다/ 내려올 땐 더 짧은 시간이 될 거야"라는 화자의 조언도, 실상은 "허망한 마지막 순간"(「브로마이드」)을 자신에게 허락하지 않으려는 화자의 안간힘이다. 그리고 그만큼 화자에게는 자신의 욕망과 직접 대결하려는 용기가 필요하겠다. 자신에 대한 엄정성으로부터 벗어나려는 인식에 조영희 시의 미래가 걸려 있다고도 말할 수 있을 것이다.

글 | 신상조(문학평론가)

채자경

| 시 |

나목의 공중

곡예사의 길

굴레

추일서정秋日抒情

모순

| 해설 |

사물에 정서를 투사하는 방식과
상상력을 감각화하는 시 쓰기—신상조

약력 ~

서울 출생 •
2018년 ≪순수문학≫ 등단 •
대구은행 여성백일장 장원 •
매일신문 시니어 문학상 시 부문 특선 •
<형상시학회> 회원, 대구시전 초대작가 •

나목의 공중

공터를 날아오르는 비닐봉지가
잎을 버린 나뭇가지에 걸린다

떠밀리는 것들이 너무 많은 가을
낙엽들은 우르르 낮은 곳으로 밀려들고
허기를 채우지 못한 비닐봉지는
달의 검은 커튼을 연다

낙엽이 머물던 나뭇가지 위
색 바랜 언어들을 찾아 날아가는 것
굴러 떨어지면 막바로 서릿발 위인 걸 알기에
비닐봉지는 매연에 가린 구름의 문을 연다

푸르게 덧칠되던 불면의 밤도
언젠가 몸속에 넣었던 부스러기의 기억
멈추지 못해 아픈 시계처럼
찰칵찰칵 뜬눈으로 밤낮을 돌리는 공중

나무는 고달프다
나무를 놓지 못하는 검은 비닐봉지로 인해
나의 공중도 고달프다

곡예사의 길

바람의 재촉에도 외줄 위의 길은 곡예사의 몫
운명이 다칠까 빼지 못하는 발

두 개의 연민이 출렁이는 줄을 붙잡고 있다

물길을 따라 온 구름이 쳐다보는
올레길, 둘레길, 샛길, 갈래길
운무에 가려 보이지 않는 벼랑길에서는
별을 머리에 이고 달빛을 찾아 걸었다

강 건너 꽃무리에 안기고 싶어
줄인 몸피가 걸친 옷을 바람에 벗어 주고
낯선 허공에도 징검다리를 놓았다

흔들리는 꽃 대궁이 건네는 박수 소리는
곡예사를 위한 찬사였다
갈무리할 길에 이르러서는
쓸어버리지 못한 잔재가 굴러다니고 있어
지우기에 분주한 지상의 길

굴레

공중이 아프면 유리창도 아프다

빗살마저 빗겨간 겨울창도
그림자를 만드느라 얼마나 아플까

함께, 라는 굴레가 가로지른 것은
전깃줄을 휘감는 회색빛 안개

안개를 차디찬 성에로 눕혀놓은 유리창에서

흐르다가 멎은 시간을 보듯
오랫동안 고인 물의 냄새를 맡는다
움직이지 않는 시침과 분침 앞에서
첫날밤의 옷고름처럼 저 혼자 오랜 망설임
내 기억의 굴레는 아우성이다
언 발자국들 안쪽이 우묵하도록
혹한을 건너온 바람이 밟아주어야 할 굴레

어찌 허공의 아픔을 덜어줄까
고민 깊어진 나 봄이 오기까지
낙숫물로 물레방아를 돌린다

추일서정秋日抒情

여름내 들끓던 하늘의 가슴이
끝내 선혈을 쏟아내었습니다

먹구름 흩어지니, 빗소리도 잦아듭니다

닦인 창에서
빨간 꽃잎이 나를 들여다봅니다
붉은 가슴이 열리고 뜨거운 눈물
빗줄기에 매달립니다

떠나는 길에
눈감으며 붉어지는 눈시울
실가지 틈새에서 기다리는 초록 잎파랑이
가을 햇살 속에서 옷을 갈아입고 있습니다

다시 돌아올 날의 기약들
잎 지운 자리마다 걸고 있습니다

내뱉는 숨길 홍조 띤 얼굴로
가을은 떠나갑니다

모순

퍼 올린 물로 몸 부풀리던 나무도
익숙한 혀를 이제 내려놓는다

수천의 잎으로 감지했던 욕망들
한 벌의 옷을 벗어 던지듯
바람에 갈무리한다

가지마다 걸어두었던
갈망과 염원을 가랑잎으로 깔아두고 보면
잡음이거나 모순에 불과했음을
이제야 나무는 안다

이불자락 땅속에서 나무의 발가락은
꼼지락거린다

사물에 정서를 투사하는 방식과 상상력을 감각화하는 시 쓰기

■

영화 <아메리칸 뷰티>는 미국의 전형적인 중산층 가정에서 벌어진 비극을 다룬 블랙코미디물이다. '클로징 크레딧closing credits'이 올라가기 전, 영화는 공터에서 불어오는 바람과, 그 바람에 몸을 맡기고 이리저리 허공을 나는 흰 비닐봉지의 모습을 꽤 오랫동안 보여준다. 영화의 서사와도 관련성이 없고, 겉보기에 그저 사소하고 누추할 따름인 이 장면이 가진 상징성은 무엇일까? 그것은 아름다움과 자유가 실상은 평범한 일상 속에 가볍게 부유하고 있음을 감독이 우리에게 확인시키고자 함은 아닐까.

채자경의 「나목의 공중」을 읽으면서 <아메리칸 뷰티>를 떠올린 것은 동일한 소재가 전달하는 상이한 의미 때문이다. 우선 시에서의 비닐봉지는 '바람'에 몸을 맡기는 자유로움과는 거리가 멀다. "잎을 버린 나뭇가지에 걸린" 비닐봉지는 "허기를 채우지 못한 비닐봉지"이다. 아무런 내용물이 들어있지 않은 텅 빈 비닐봉지에서 화자는 사물의 '허기'를 읽어낸다. 다음으로 비닐봉지는 "굴러 떨어지면 막바로 서릿발 위인 걸" 알고 있는 인격적 존재다. 그래서 비닐봉지는 "나무를 놓지 못"하고 있다고 시인은 표현한다.

주지하다시피 서릿발을 겁내는 비닐봉지도, 비닐봉지를 매달고서 고달픈 나무도 화자의 '고달픔'이 투사된 사물들이다. 비닐봉지의 허기는 화자의 허기고, 나무의 고달픔은 화자의 고달픔을 매개하기 위한 전략이다. 시인도 이를 모르지 않는다. 해서 시는 "나의 공중도 고달프다"로 끝맺고 있다.

채자경의 시는 주체의 정서나 인식이 투사된 사물들의 전시장이다. 시인은 주변에서 쉽게 만날 수 있는 사물들을 구체적인 시적 대상으로 삼는다. 예컨대 "「굴레」는 공중이 아프면 유리창도 아프다// 빗살마저 빗겨간 겨울창도/ 그림자를 만드느라 얼마나 아플까"라며 시적 주체의 아픔을 유리창에 투사한다. 또한 「추일서정秋日抒情」은 가을의 풍광 그 자체로 주체의 정서를 고스란히 가시화한다.

얼핏 보면 채자경의 시는 대단히 잘 써보겠다는 의식 없이 그냥 한 편의 순정한 시로서 창작된 것처럼 느껴진다. 하지만 시인의 시는 삶의 풍경과 그 이면을 응시하는 상상력이 철저하게 유기적으로 결합한 산물이다. 사물에 정서를 투사하는 방식과 상상력을 감각화하는 시 쓰기. 채자경의 시가 앞으로 얼마나 역동적으로 뻗어갈지 기대되는 이유다.

글 | 신상조(문학평론가)

최미애

| 시 |

얼음에서 새에게로

White

투시

약력 ~

경북 포항 출생 •

2014년 ≪월간문학≫ 동시, 계간 ≪시산맥≫ 시 등단 •

2016년 최치원 신인 문학상, 2019년 제16회 황금펜 아동문학상 수상 •

<형상시학회> 회원 •

얼음에서 새에게로

새의 기원은 얼음이었을까

불면의 새가 녹슨 굴렁쇠를 굴리는 동안
웅크린 종이는 뒤집히지 않아
종이 아래는 녹지 않고 그대로인 얼음

목련나무에 묶인 개는
꼬리를 물고 제자리를 맴돌다
여름 한나절이 컴컴한 어제에 함몰되고

종이를 뒤집을 수 없어
새의 겨드랑이 아래 내일이 잠들어 있다

꼬리는 풀리지 않아
주둥이를 물고 늘어지는 동그라미

시작에게 밀어 넣는 발끝은
연속의 파문으로 뫼비우스 띠를 굴리고

얼음의 기원은 새였을까

뒤집히지 않았던 의문들이
자전의 기억을 거슬러 올라갈 때

쓰러질 듯, 쓰러질 듯
비스듬히

아래를 위로 밀어 올리는 녹슨 지구

White

벽의 구멍을 가리던 거울을 떼어 내
바닥에 눕힌다
얼굴을 뒤덮은 먼지를 닦아내자 검푸른 바다가
응답처럼 출렁인다. 파도가 부서지고
터질 듯 터질 듯 날아오르는 흰나비
8자를 그리며 날아가는 궤적,
어깨에 태초의 발자국을 달았구나
방향을 가늠할 수 없는 발걸음을 가두었구나
고개 쳐드는 풀들의 장마를 가두었구나
부서지는 파도 물보라로 피어날 때
팔랑팔랑 어깻죽지로 드는 십일월의 오솔길,
어린 양 떼 몰고 가는 서릿발 아침
거울 속 창 달린 복도는
나비가 날아간 동쪽으로 열린다

투시

알 없는 알이 알에 골몰한다
알이 알을 불러와 알은 굴러간다
저음의 첼로를 긁어대며 굴러간다
바람을 감고 굴러가 자정의 온도에서 끓어오른다
뿌리에서 허공으로 허공에서 뿌리로 너울을 탄다
뿌리 끝을 들여다보던 시곗바늘이 왼쪽으로 돌기 시작한다
첼로 저음의 파동이 어둠 속 알을 흔든다
자정을 지나 정오로 횡단하던 알,
4분의 3박자로 부풀어 빨간 종소리 울린다
화들짝 눈을 뜬 알,
8분의 6박자로 노랗게 부풀어 나르시시즘을 깨운다
허공의 폐부 깊숙이 돌아 나온 종소리
둥글고 노란 벽을 쪼아댄다
번져가는 핏줄의 막바지
허공을 딛고
없는 알이 없는 알을 본다

홍준표

| 시 |

까보 다 로까Cabo da Roca

횡단보도 앞

끝없는 질문

풍번문답風幡問答

미생未生

| 해설 |

'미완의 영역'이 시를 완결시키는 결정적 조건—신상조

약력

계간 ≪문장≫ 등단 •

<형상시학회>, 대구시인협회, 가톨릭문인회 회원 •

시집 『커튼 콜』, 『구조적 못질』, 『허술한 반성』 •

까보 다 로까Cabo da Roca

땅끝에 닿은 바다가
거품을 물었다

절벽을 넘은 것이다

나무에 내려앉은 새들은
안경 없이도 들판을 본다

밤을 견딘 만큼 기쁨에 조잘거린다

꽃처럼 피기도, 꽃처럼 지기도 하면서
눈앞의 당신이
사랑이길 기도하고 있다

사람의 눈길로 서 있는
탑이 싫다

* Cabo da Roca : 이베리아 반도 포르투갈 最西端

횡단보도 앞

넘어가도 좋다는 빗금 신호에 기댄다
침대의 시간을 즐기고 있다
빨간불이 길었으면 좋겠어요
조금이라도 더 머물기 바래요
물살은 여전히 분주하게 흘러간다
위험한 듯하지만 여기는 안전지대
짧은 시간일수록 눈빛 농도는 짙어져서
빗물은 각자 걸어오느라 뭉친 어깨다
주물러 펼 핑계로 살피는 허공
손 내밀 듯 켜지는 초록불
지나고 보니, 우리는 만나기 위해 기다린 시간보다
헤어지기 위해 버린 시간이 많았던 것
늦었다고들 하지만
파란불이 오기 전에 야윈 볼 만질 수 있어
횡단보도 남은 시간 일 분 육십 초
행복하다
비 지나가기를 기다린다

끝없는 질문

꽃동산 들어가는 돌산 모퉁이에서
목숨을 내기로 걸고
그가 물었다

아침에는 네 발
낮에는 두 발
저녁엔 세 발로 걷는 게 뭐냐?

그 짐승 무엇인지
수많은 나그네들이 제 모습 풀어내지 못하고
무명의 올가미에 걸려 죽었다지

죽기를 각오하고
만다라 길 가다 보면
지금도 그가 물을 것이다

너를 아느냐

풍번문답風幡問答

오밤중 구설수에 밥그릇 챙겨든다
내 안에 길 가는 세 사내와
같은 배를 탄다

의뭉스런 뱃전이어도
흔들리는 바람과 흔들리는 깃발이 있어
꽃의 공상空想들로 가득했다

흔들리는 갈대숲에 닿기까지
깃발은 깃발로 돌아가고
바람은 바람으로 돌아가고
명치끝 살얼음만 남았다

물살인 나 흔들리지 않으려 해도
시시때때 변심하는 강바닥 돌들 때문에
흔들리고 만다

눈앞의 꽃
구름의 욕지거리에도
붉기만 한 삿대질

귀를 틀어막는다

미생未生

등 푸른
소 한 마리
외나무다리 건너간다

뒷다리가 가려워도
앞으로 간다

다리 아래는
뜨고 지는 꿈

물살 긁는 산 그림자
어룽거린다

'미완의 영역'이 시를 완결시키는 결정적 조건

■

이야기나 메시지가 전부인 시가 있다. 이미지로만 버티는 시도 있다. 이야기와 메시지와 이미지를 모두 가지는 시도 있다. 홍준표의 시는 세 번째 경우다.

"등 푸른/ 소 한 마리/ 외나무다리 건너간다// 뒷다리가 가려워도/ 앞으로 간다// 다리 아래는/ 뜨고 지는 꿈// 물살 긁는 산 그림자/ 어룽거린다"(「미생未生」)와 같은 시는 선명한 이미지만큼이나 그 의미가 모호하다. 의미의 모호함이 주는 메시지의 선명함이라니! 이러한 시를 읽을 때는 백기를 드는 심정으로 모호한 느낌이 시의 근본임을 인정할 수밖에 없다. 이 근본에 새삼 무엇을 덧칠한다는 것은 참으로 어리석은 노릇이다.

홍준표의 시는 행간의 여백이 넓다. 그래서 메시지가 강제하는 의미의 피로함이 적다. 이야기를 전하는 목소리는 차분하지만 약간은 불친절하기도 하다. 화자가 처한 상황이나 여건은 곧잘 제목으로만 간명하게 처리된다. 다시 말해

수다스럽지 않다. 해서 해석의 영역은 독자의 몫으로 남는다. 이미지는 시어의 함축성을 힘입어 왕왕 아포리즘으로 전환된다. 이미지에서 아포리즘을 읽어내는 것도 독자의 몫이자 즐거움이다.

가령 "땅 끝에 닿은 바다가/ 거품을 물었다// 절벽을 넘은 것이다// 나무에 내려앉은 새들은/ 안경 없이도 들판을 본다 // 밤을 견딘 만큼 기쁨에 조잘거린다"(「까보 다 로까 Cabo da Roca」)에서 우리는 제목에 전적으로 기대어 화자의 상황을 짐작한 후, '새'를 날렵하게 이미지화하는 화자의 통찰을 통해 모종의 교훈을 얻게 된다. 하지만 이 교훈을 다수와 공유하기란 힘들다. "사람의 눈길로 서 있는/ 탑이 싫다"는 화자의 고백에 어떠한 내면적 이유를 붙이는 것도 가능하지만 그 어떤 이유도 명확한 이유가 될 수 없듯이…. 어쩌면 화자 자신도 그 이유를 끝끝내 알 수 없듯이…. 시는 미완의 영역을 남긴 채 완성된다. 이 '미완의 영역'이 홍준표의 시를 완결시키는 결정적 조건이다.

글 | 신상조(문학평론가)

형상시학 7집

인쇄 2019년 12월 3일
발행 2019년 12월 6일

지은이 형상詩학회
펴낸이 김건희

펴낸곳 북랜드
등록 | 1982년 6월 26일(제1-5호)
06252 서울 강남구 강남대로 320, 1108호(역삼동, 황화빌딩)
전화 02-732-4574 / 053-252-9114(代)
팩스 02-734-4574 / 053-252-9334
홈페이지 www.bookland.co.kr
이메일 bookland@hanmail.net

ISBN 978-89-7787-914-0 03810

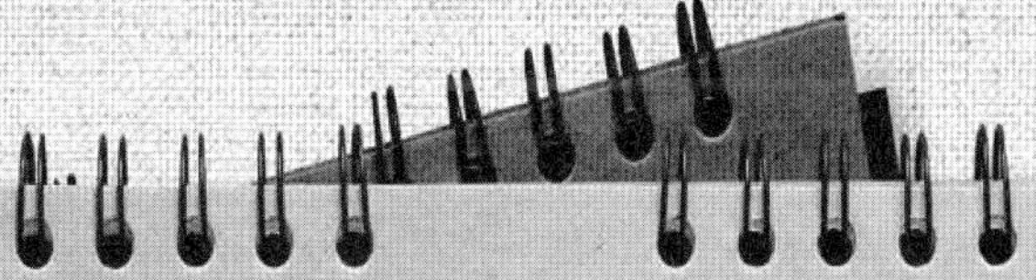